JN086094

SDGs アクション

＜ターゲット実践＞
インプットからアウトプットまで

日刊工業新聞社［編］

松木 喬　　　［著］
松本 麻木乃

Sustainable Development Goals

日刊工業新聞社

はじめに

　長い梅雨が明けた８月初旬、講師をするSDGsセミナーの講演資料づくりに追われていた。主催者からは企業のSDGs活動事例を紹介してほしいと頼まれていた。

　「事例紹介」と言われると本当に迷う。「あの企業の、あの活動はどうだろうか」「取材で聞いた、あの会社のエピソードは印象的だ」「けど、次に紹介したい事例と内容が重複する」……と、スポーツの日本代表メンバーを選ぶような検討は延々と続く。講演の持ち時間は30分。「１時間ほしい」というと大げさだが、多くの人に知ってもらいたい取り組みがたくさんある。

　とにかく日刊工業新聞にはSDGs関連の情報が豊富だ。記事データベースで「SDGs」と検索すると1304件がヒットした（2020年８月21日現在）。2015年９月25日に国際連合（国連）総会でSDGsが採択されてから、ほぼ５年。発行のない土日をのぞくと１日１本はSDGs関連の記事が掲載された計算になる。それだけ同僚がSDGsの取り組みを丹念に取材してきた証拠だ。「ビジネスとSDGs」の記事は国内メディア最多だろう。

　蓄積した記事を参考に多くの事例を盛り込んだのが本書だ。そしてターゲット別に具体的な活動を整理したのが、類似本にない特徴である。

　17のゴールのアイコンを目にした人が多いと思う。カラフルなアイコンのおかげでSDGsの認知度が上がったはずだ。一方で、「貧困をなくそ

う」というアイコンを見て「その通りだ」と賛同しても、具体的に何をしようと想像できる人は少ないのではないだろうか。

　各ゴールに連なる169のターゲットには、具体的な行動が示されている。企業はターゲットを読むことで自社ができるSDGsアクションを検討しやすいはずだ。また、ターゲットをベースにした取り組みはSDGs活動として実践的であり、社外にも説得力を持って発信できる。

　前著『SDGs経営　"社会課題解決"が企業を成長させる』（日刊工業新聞社、2019年）のインタビューで国際連合大学上級副学長／東京大学未来ビジョン研究センター教授・総長特別参与の沖大幹氏は「ターゲットや指標はあまり普通のビジネスとは関係がなく、どちらかといえば国の行動指針、政府の責任で達成に取り組むべき内容だったりします」と語っている。確かにターゲットすべてを企業の目標にするのは無理がある。

　また「金科玉条として一語一句ともそのまま使わざるを得ない、と考えるのはいかがなものでしょうか」と指摘し、「SDGsをヒントとして事業に取り組み、社会課題を解決し、それが利益につながることが企業には大切なんです」と助言してもらった。

　SDGsの取り組み方にルールはない。ターゲットも自在に解釈し、自社の実践的な活動に結びつけ、企業価値向上につなげると良いのだと思っている。

　本書はSDGsを推進したい企業関係者に具体的な活動のヒントを得てもらうことを目指し、ターゲットにこだわって編集した。ただし、すべてのターゲットを網羅できていない。沖氏のコメントにもあったが、明らかに政府に要求しており、企業活動に置き換えられないターゲットがある。私

たちの取材・知見不足で、参考となる事例を紹介できなかったターゲット
もある。中には、日本企業になじみにくいという理由で事例を発見できて
いないターゲットもあった（事例が抜けているターゲットに合致するビジ
ネスを思いついたら、先行者利益が得られるブルーオーシャンかもしれな
いが）。

　また、掲載したどのターゲットも私たちが勝手に解釈し、企業活動に当
てはめた。当然「違う」という指摘があるだろう。企業の発表文やホーム
ページ、SDGs関連書籍を参考にしたターゲットの解説もある。内容が薄
いと思ったら、自社なりの方法で深い活動にしてほしい。

　真面目な不良―。CSRコンサルタントの薗田綾子さん（クレアン社長）
から教えてもらった言葉だ。当たり前をうのみにせず、上司の指示にも疑
問を持つような厄介者だが、組織を元気にするために大切な存在。書籍
『アクション・バイアス』（ハイケ・ブルック、スマントラ・ゴシャール
著、野田智義訳、東洋経済新報社、2015年）に詳しい説明があるという。
　先進企業の後追いや教科書通りではなく、同僚と議論した個性的な
SDGs活動を追求してほしい。「わが社のSDGs」と呼べる活動が増えるほ
ど、講師を頼まれた時に紹介する事例選びで迷う。それでも良い。取材意
欲が高まり、筆にも勢いが出て、たくさんの人に知ってもらえる記事が書
けるはずだから。

2020年8月21日　　日刊工業新聞社　松木 喬

目次
SDGsアクション

Part 0
SDGsの基礎

Part 1
貧困をなくそう
あらゆる場所あらゆる形態の貧困を終わらせる

ターゲット　1.1　**新しい活動**

2030年までに、現在1日1.25ドル未満で生活する人々と定義されている極度の貧困をあらゆる場所で終わらせる……………………… **P36**

ターゲット　1.2　**新しい活動**

2030年までに、各国定義によるあらゆる次元の貧困状態にある、全ての年齢の男性、女性、子供の割合を半減させる…………………… **P40**

ターゲット　1.3　**新しい活動**

各国において最低限の基準を含む適切な社会保護制度及び対策を実施し、2030年までに貧困層及び脆弱層に対し十分な保護を達成する………… **P40**

ターゲット　1.4　**新しい活動**

2030年までに、貧困層及び脆弱層をはじめ、全ての男性及び女性が、基礎的サービスへのアクセス、土地及びその他の形態の財産に対する所有権と管理権限、相続財産、天然資源、適切な新技術、マイクロファイナンスを含む金融サービスに加え、経済的資源についても平等な権利を持つことができるように確保する…………………… **P43**

ターゲット　1.5　**新しいビジネス**

2030年までに、貧困層や脆弱な状況にある人々の強靱性(レジリエンス)を構築し、気候変動に関連する極端な気象現象やその他の経済、社会、環境的ショックや災害に暴露や脆弱性を軽減する……………………………………… **P47**

Part 2
飢餓をゼロに
飢餓を終わらせ、食料安全保障及び栄養の改善を実現し、持続可能な農業を促進する

ターゲット　2.3　**新しいビジネス**

2030年までに、土地、その他の生産資源や、投入財、知識、金融サービス、市場及び高付加価値化や非農業雇用の機会への確実かつ平等なアクセスの確保などを通じて、女性、先住民、家族農家、牧畜民及び漁業者をはじめとする小規模食料生産者の農業生産性及び所得を倍増させる……… **P52**

ターゲット　2.4　**新しいビジネス**

2030年までに、生産性を向上させ、生産量を増やし、生態系を維持し、気候変動や極端な気象現象、干ばつ、洪水及びその他の災害に対する適応能力を向上させ、漸進的に土地と土壌の質を改善させるような、持続可能な食料生産システムを確保し、強靭(レジリエント)な農業を実践する……………………………………… **P55**

ターゲット　2.a　**新しいビジネス**

開発途上国、特に後発開発途上国における農業生産能力向上のために、国際協力の強化などを通じて、農村インフラ、農業研究・普及サービス、技術開発及び植物・家畜のジーン・バンクへの投資の拡大を図る…………………………… **P58**

インタビュー　料理評論家(服部栄養専門学校校長)
服部幸應氏に聞く
「食育×SDGs」 ……………………………… **P62**

Part 3
すべての人に健康と福祉を
あらゆる年齢のすべての人々の健康的な生活を確保し、福祉を促進する

本書の読み方

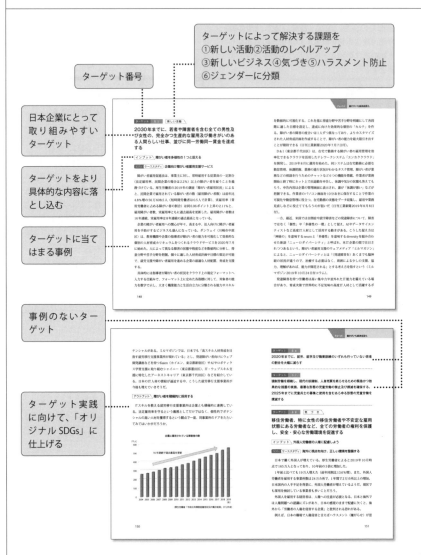

ターゲット番号

日本企業にとって取り組みやすいターゲット

ターゲットによって解決する課題を
①新しい活動②活動のレベルアップ
③新しいビジネス④気づき⑤ハラスメント防止
⑥ジェンダーに分類

ターゲットをより具体的な内容に落とし込む

ターゲットに当てはまる事例

事例のないターゲット

ターゲット実践に向けて、「オリジナルSDGs」に仕上げる

本書では、169のターゲットの中で、日本企業が取り組みやすいものを取り上げる。そして、事例を交えて、企業の強みや特徴を生かし、ストーリーのある「オリジナルSDGs」を提案する。
掲載するターゲットは総務省の資料を参考にした。

Part 0

SDGsの基礎

SDGsが2015年9月に国連で採択されて5年となる。まずはSDGsについて復習したい。その後、Withコロナやアフターコロナで求められるSDGs経営を考えてみたい。SDGsの理念や活用法は不偏だが、2030年までちょうど10年となって企業に求められる行動も変わってきた。

企業の経営理念に近い

まずはSDGsのおさらいから本書を始めてみよう。2015年9月の国連総会で決まったSustainable Development Goals（持続可能な開発目標）の頭文字をとってSDGs（エス・ディー・ジーズ）と呼ばれている。

国連に加盟する約200カ国の政府関係者、NGOなどの市民代表、研究者などが3年かけて「今の世界の課題は何か」を議論し、その課題解決を2030年までの世界目標としてまとめたのがSDGsだ。このためSDGsは「2030年をこういう世界にしたい」という未来像を描いたという言い方ができる。経済・社会・環境のバランスがとれた成長がベースにある。

条約ではないので法的拘束力はない。義務でもないので、達成できなくても罰則などのペナルティーもない。あくまで"目標"だ。

SDGsは企業の経営理念に近い。企業は「法人」と呼ばれるものの、人間のような人格はない。経営理念を持たせることで人格のようなものが宿り、その企業が存在する理由が明確となり、従業員にも共有の目的ができる。

私たちが暮らす世界にもSDGsがあるおかげで、約200近い国々と70億人以上が同じ方向を目指せる。逆に共通の目標（目指すべき世界像）がなければ、国や人々の進行方向はバラバラとなり、一部の国や人には良い世界でも、他の国や人々には住みにくい社会になる。

17ゴールと169ターゲット

SDGsは17のゴールと169のターゲットで構成されている。17ゴールは17分野の課題と言い換えても良いだろう。ゴール1は貧困対策、ゴール2は飢餓・食料問題、ゴール3は健康・福祉問題、ゴール4は教育問題だ。

「1 貧困をなくそう」「2 飢餓をゼロ」「3 すべての人に健康と福祉を」

SDGs の詳細

ゴール	概要
1 貧困をなくそう	[貧困] あらゆる場所あらゆる形態の貧困を終わらせる
2 飢餓をゼロに	[飢餓] 飢餓を終わらせ、食料安全保障及び栄養の改善を実現し、持続可能な農業を促進する
3 すべての人に健康と福祉を	[保健] あらゆる年齢のすべての人々の健康的な生活を確保し、福祉を促進する
4 質の高い教育をみんなに	[教育] すべての人に包摂的かつ公正な質の高い教育を確保し、生涯学習の機会を促進する
5 ジェンダー平等を実現しよう	[ジェンダー] ジェンダー平等を達成し、すべての女性及び女児のエンパワーメントを行う
6 安全な水とトイレを世界中に	[水・衛生] すべての人々の水と衛生の利用可能性と持続可能な管理を確保する
7 エネルギーをみんなに そしてクリーンに	[エネルギー] すべての人々の、安価かつ信頼できる持続可能で近代的なエネルギーへのアクセスを確保する
8 働きがいも経済成長も	[経済成長と雇用] 包摂的かつ持続可能な経済成長及びすべての人々の完全かつ生産的な雇用と働きがいのある人間らしい雇用（ディーセント・ワーク）を促進する
9 産業と技術革新の基盤をつくろう	[インフラ、産業化、イノベーション] 強靱（レジリエント）なインフラ構築、包摂的かつ持続可能な産業化の促進及びイノベーションの推進を図る
10 人や国の不平等をなくそう	[不平等] 国内及び各国家間の不平等を是正する
11 住み続けられるまちづくりを	[持続可能な都市] 包摂的で安全かつ強靱（レジリエント）で持続可能な都市及び人間居住を実現する
12 つくる責任 つかう責任	[持続可能な消費と生産] 持続可能な消費生産形態を確保する
13 気候変動に具体的な対策を	[気候変動] 気候変動及びその影響を軽減するための緊急対策を講じる
14 海の豊かさを守ろう	[海洋資源] 持続可能な開発のために、海洋・海洋資源を保全し、持続可能な形で利用する
15 陸の豊かさも守ろう	[陸上資源] 陸域生態系の保護、回復、持続可能な利用の推進、持続可能な森林の経営、砂漠化への対処ならびに土地の劣化の阻止・回復及び生物多様性の損失を阻止する
16 平和と公正をすべての人に	[平和] 持続可能な開発のための平和で包摂的な社会を促進し、すべての人々に司法へのアクセスを提供し、あらゆるレベルにおいて効果的で説明責任のある包摂的な制度を構築する
17 パートナーシップで目標を達成しよう	[実施手段] 持続可能な開発のための実施手段を強化し、グローバル・パートナーシップを活性化する

（外務省国際協力局の資料から作成）

がゴールだ。SDGsに精通しなくても、1-17のゴールが書かれたアイコンを見たことのある人は多いと思う。

「貧困をなくそう」という表現でも目標としては明確だが、それだけだと何をしたら良いか戸惑う。世界全体で同じ目標に向かって進むには、より具体的な目標を共有できた方が良い。そこでゴールごとに達成手段を示したターゲットがある。

ターゲットは具体的な目標

ゴール1のターゲット1.1には「2030年までに、現在1日1.25ドル未満で生活する人々と定義されている極度の貧困をあらゆる場所で終わらせる」と、貧困撲滅に向けた具体的な目標が示されている。1-17の各ゴールは、このような具体的な目標となるターゲットがある。

SDGsの認知度が高まった現在でも、「1 貧困をなくそう」「2 飢餓をゼロ」などのゴールだけ知っているという人が少なくない。ゴールを描いたカラフルなアイコン（絵文字）とコピーがわかりやすく、便利なコミュニケーションツールとなっている。あまりにもわかりやすいため、17のゴールだけ覚えて「SDGsを理解した」と思ってしまうようだ。169のターゲットも読んで欲しい。

次章からターゲットごとに取り組み事例などを紹介する。

具体的な目標や達成手段が書かれたターゲットがSDGsの本質と思っている。SDGsは各国政府の目標ではあるが、企業活動に置き換えられるターゲットも多い。SDGsを経営に取り込みたいのなら、ターゲットが参考になる。社会からの要請に気づき、社内で不十分だった活動を強化できる。さらには新規事業を発見できる可能性もある。

17のゴールが並んだロゴ、個別ゴールのアイコンは国連広報センターのホームページからダウンロードして使用できる。普及啓発であれば自由に使えるが、詳しくは同センターの「ロゴ使用のためのガイドライン」（https://www.unic.or.jp/files/SDG_Guidelines_AUG_2019_Final_ja.pdf）

を参考に。

アジェンダを読もう

　17のゴール、169のターゲットに加え、244（重複を除くと232）の指標もある。指標はSDGs達成に向けた進捗を測定するもの。総務省のホームページに日本語訳（仮訳）があり、英語と一緒に掲載されているので参考にしやすい。

　正確に言うと2015年9月25日の国連総会では「我々の世界を変革する：持続可能な開発のための2030アジェンダ」が採択された。このアジェンダ内の"目標"がSDGsに当たる。

　アジェンダにはSDGsの理念や目的、背景が書かれている。「我々は〜」で始まる文章に決意が感じられるので味わってほしい。有名な理念の1つ「誰一人取り残さない」もアジェンダに書かれている。

　アジェンダは膨大な分量なのですべてを読むのは大変と思われる。そこで10の文を選んだ。これだけでも基本としておさえておきたい（太字は筆者・松木の解釈）。

①アジェンダは人間、地球及び繁栄のための行動計画である。

→SDGsの狙い。企業の経営理念に似ている

②すべての国及びすべてのステークホルダーは、協同的なパートナーシップの下、この計画を実行する。

→企業にもSDGs達成への貢献を要請

③目標及びターゲットは、統合され不可分のものであり、持続可能な三側面、すなわち経済、社会及び環境の三側面を調和させる。

→経済・社会・環境のバランスが重要

④このアジェンダは、（略）すべての国に受け入れられ、すべての国に適用されるものである。

→SDGsは世界共通

⑤我々は、すべての国が持続的で、包摂的で、持続可能な経済成長と、働きがいのある人間らしい仕事を享受できる世界を想い描く。

→日本社会の課題である「働き方改革」に通じる

⑥失業、とりわけ若年層の失業は主なる懸念である。地球規模の健康の脅威、より頻繁かつ甚大な自然災害（略）は、過去数十年の開発の進展の多くを後戻りさせる恐れがある。

→失業、健康、災害は日本にも共通の課題

⑦我々は、気候変動枠組条約が、気候変動に対する地球規模の対応を交渉するための主要な国際的、政府間フォーラムであることを認める。

→気候変動・温暖化対策はパリ協定の決定を優先。SDGsよりもパリ協定が上位

⑧我々は（略）若者の雇用促進、女性の経済的能力強化の促進を通じダイナミックかつ持続可能な革新、人間中心の経済構築を目指す。

→日本が提唱する未来社会「Society5.0」の理念「経済発展と社会的課題の解決を両立する人間中心の社会」に符合

⑨我々は、小規模企業から多国籍企業、共同組合、市民社会組織、慈善団体等多岐にわたる民間部門が新アジェンダの実施における役割を有することを認知する。

→中小企業を含めたすべての民間団体に参加を要請

⑩我々は、こうした民間セクターに対し、持続可能な開発における課題解決のための創造性とイノベーションを発揮することを求める。

→企業のイノベーションを求める

アジェンダには地球や繁栄、平和のフレーズが頻繁に出てくるので「うちの会社には壮大すぎる」とためらってしまうかもしれない。しかし⑨⑩でわかるように、中小企業を含めた企業に参加を求めている。

「企業はSDGsに取り組むべきだ」と言う人がいるが、その根拠がアジェンダにあると思っている。「ビジネスチャンスだから取り組む」と言う人

もいるが、アジェンダに記されたように「国連の要請によって企業は
SDGsに取り組む」と表現した方が適切かもしれない。

　ちなみに、アジェンダには「スポーツもまた、持続可能な開発における
重要な鍵となるものである」とある。スポーツに関わる人も対象としてお
り、SDGsの幅の広さを感じさせる。

0-2	SDGs の活用法

期待できる４つのポイント

　ここから、SDGsが企業経営に役立つ理由を説明したい。SDGsは各国の
政府が達成を目指す目標だが、企業に置き換えて読める。経営にSDGsを
採り入れると取引先の開拓、資金獲得、社会ニーズを捉えた新規事業への
進出といったビジネスチャンスが広がる。イメージアップ、従業員の意欲
向上、人材確保など経営基盤も強化できる。またSDGsは未来像であるた
め、企業を長続きさせる道標となる。

　今、インターネット上にもSDGsの解説ページが無数にあり、経営に導
入する方法やメリットが紹介されている。無料ダウンロードできる手引書
も多い。筆者（松木）が毎回、お薦めしているのが環境省の『持続可能な
開発目標（SDGs）活用ガイド』（SDGs活用ガイド、http://www.env.
go.jp/policy/sdgs/index.html）だ。地域で活動する中小企業の視点で、
SDGsとビジネスの関係を整理している。2020年３月には「第２版」が発
行されたので、それだけ活用ガイドは役立っているのだと思う。

　SDGs活用ガイドは「企業が将来にわたって継続し、より発展していく
ために必要となるのが、長期的な視点で社会のニーズを重視した経営と事
業展開です」と指摘し、経営の継続を実現するツールがSDGsだと説明し
ている。

　そして、SDGsの活用によって期待できる４つのポイントを示している。

（1）企業イメージの向上

（2）社会の課題への対応

（3）生存戦略になる

（4）新たな事業機会の創出

長続きする会社になるために

　筆者は企業経営を持続可能にする手段の1つが、SDGsと考えている。SDGsに取り組むことが目標ではなく、企業を長続きさせるためにSDGsを活用するのだと思う。

　企業が長続きするには、支えてくれるファンが必要だ。商品を買ってくれる消費者、部品を購入してくれる顧客企業、材料を納入してくれる取引先、それに自社の従業員にもファンになってもらいたい。お金のやりとりだけでつながったステークホルダー（利害関係者）ではなく、自社を「好

インターネットで入手できる SDGs 関連の情報

運営者	サイト・ページ名	ポイント
外務省	JAPAN SDGs Action Platform	アジェンダ、SDGsの全文掲載、国の取り組み、各省庁・政府系機関の関連施策、企業のSDGs関連HPのリンクなど情報が豊富
環境省	SDGs活用ガイド	著者のおすすめ
経済産業省	SDGs経営ガイド	各項目の「Points」は要約として最適
農林水産省	SDGs×食品産業	「17の目標と食品産業とのつながり」は目標別に各社の事例がまとまっている
グローバル・コンパクト・ネットワーク・ジャパン	SDGsポータルサイト	「ゴールとターゲットの分析」も掲載
日本証券業協会	証券業界のSDGs	「活動の種類で見る」にはさまざまなコンテンツがそろっている
日本化学工業協会	SDGsページ	会員企業の事例集が掲載
日本経済団体連合会	KeidanrenSDGs	各社の事例を「Society5.0との関連」から選択可能
日刊工業新聞社	ニュースイッチ	SDGs記事を無料で読めるニュースサイト

きだ」と言ってくれる根強いファンが増えたら、経営は長続きするはずだ。

　今、商品の機能で差別化することが難しくなった。どの家電メーカーも自社のテレビを「高画質」とPRするが、素人には違いを見抜けない。「業界最高水準の省エネ」と言われても簡単には差を感じにくい。他の商品でも「高速」「高品質」「高信頼」「低コスト」などを訴求するが、どれも同じに思ってしまう。機能で差別化が難しければ、価格で決めることになる。価格競争に陥って値段をドンドンと下げていくと、メーカーは利益が出ずに疲弊して長続きしなくなる。

企業イメージ向上でファンを増やす

　企業イメージで勝負できれば、価格競争を回避できるのではないか。「社会に貢献している会社」「信頼できる会社」といった企業イメージに好感を持った消費者がファンとなれば、機能や価格以外の基準で商品を選んでくれる。

　取引先も根強いファンであれば、品質の良い部品を安定的に供給してくれる。企業イメージに好感を持ち、「取引をしたい」と言ってくれる新規顧客も現れるのではないだろうか。従業員も根強いファンなら、意欲的に働いてくれるだろう。

　困った時も根強いファンなら助けてくれる。新規事業を始めたくても資金が不足する時、銀行は融資を検討してくれるだろう。仮にトラブルに巻き込まれて経営危機に陥っても、地域が「なくなったら困る」と思って手助けしてくれる。

　学生がファンになってくれれば、優秀な人材が集まりやすくなる。「人手不足倒産」という言葉が生まれるほど、企業は採用が難しくなっている。企業イメージに共感した学生がファンとなって就職し、企業に愛着を持って働き続けてくれたら人手不足倒産は回避できる。そして長続きする会社になる。

根強いファンを増やすために企業イメージを向上させる必要がある。「儲かっている会社」「成長している会社」にも好感を持つ人もいると思う。それ以外に「社会に貢献している会社」も好印象を持たれるはずだ。どの会社も社会に役立っているはずであり、「社会貢献」を効果的に発信するためにSDGsを活用できる。

社会貢献に基準

これまで「企業の社会貢献」は曖昧だったかもしれない。「事業で社会に貢献する」と語っても具体性を欠くと聞き手に"軽く"受け止められてしまう。

その点、SDGsは社会貢献に基準を与えてくれる。例えば、社外の人に「うちは社会に貢献しています」と話す場面で、「SDGsに貢献しています」と付け加えると説得力が増す。さらに「当社の製品はSDGsのゴール3に貢献します。SDGsのターゲットにあるように、我々の技術を世界が必要としています」と説明できるので発信力が高まる。

SDGsは国際社会が「今の世界が抱える課題」を選び、その課題解決を「人類と地球に極めて重要」として目標に定めた。SDGsには「世界が認めた課題」が示されており、その課題解決につながる事業は「ニーズとマッチした社会貢献」という言い方ができる。金融機関や取引先、学生にも自社の社会的な役割を伝えやすくなる。

SDGsはチェックリスト

SDGsを「社会が企業に求めていること」として読むことができる。

一例を挙げると、「働きがいのある人間らしい仕事」「完全かつ効果的な女性の参画及び平等なリーダーシップ」といったゴールやターゲットが出てくる。SDGsは国連の目標だが、企業に置き換えて読める。経営者は社員の人間らしい仕事、女性社員の平等に配慮することでSDGsを実践できる。

　別の言い方をすると、経営リスクを確認するチェックリストとして
SDGsを活用できる。企業には「働き方改革」や「健康経営」以外にも、
地球温暖化対策、廃棄物削減など、さまざまな対応が社会から迫られてい
る。罰則はないが、対応しないと評判を落としてしまう社会的要請もあ
る。例えば、働きがいのない職場は人材が集まらず、世間からの評判も悪
い。一時的に儲かっても優秀な人材が確保できなければ好業績は長続きし
ない。こうした潜在的な経営リスクをSDGsでチェックできる。

　また、CSR、環境ISO、働き方改革、女性活躍、健康経営など、次々に
やってくる社会要請にも対応できる。SDGsには経済・社会・環境のすべ
ての課題が詰め込まれているからだ。要請に対して1つ1つ個別に対処し
ていたら振り回され、どれも中途半端になる。それに経営にも集中できな
くなる。SDGsを読むと個別の要請を一括でチェックできるので便利だ。

SDGsが未来を予測する

　ターゲットが未来を予測しているように思えてくる。SDGsが採択され
た2015年以降、現実になったターゲットはいくつかある。

〈ゴール3　ターゲット3.6〉

「2020年までに、世界の道路交通事故による死傷者を半減させる」

　2019年11月、政府は国内で販売される新型車への自動ブレーキ搭載
を2021年11月から義務化する方針を発表した。ターゲットの「2020年
までに」は別としても、「道路交通事故による死傷者を半減させる」ため
に取り組みを政府が加速させようとしている。自動ブレーキ搭載義務化
は、ターゲットに合致する出来事と思っている。

〈ゴール12　ターゲット12.3〉

**「2030年までに小売・消費レベルにおける世界全体の一人当たりの食料
の廃棄を半減させ、収穫後損失などの生産・サプライチェーンにおける食**

品の損失を減少させる」

　食べられるにもかかわらず、捨てている食品廃棄物は「食品ロス」と呼ばれている。日本で2017年度に発生した食品ロスは612万t。世界全体の食糧援助量の年390万tを上回る食品が廃棄されており、その多さが社会問題となっている。

　解決策として2019年5月、大手コンビニエンスストアが消費期限の近い弁当にポイントを付与し、食品廃棄を減らすと発表した。さらに同月には国会で食品ロス削減推進法が成立し、10月に施行された。ターゲットにある「食料の損失を減少させる」ための取り組みが日本でも始まった。ターゲットで要請されたことが、現実になったと思う。

〈ゴール12　ターゲット12.4〉

　「2020年までに、合意された国際的な枠組みに従い、製品ライフサイクルを通じ、環境上適正な化学物資や全ての廃棄物の管理を実現し、人の健康や環境への悪影響を最小化するため、化学物質や廃棄物の大気、水、土壌への放出を大幅に削減する」

　使い終わったプラスチックを資源として再利用する国があるため、主に先進国から新興国に廃棄プラスチック製品が輸出されている。ただ、汚れがひどいプラスチック製品が混ざっており、輸出先の国で環境汚染を招いていた。

　そこで2019年5月、バーゼル条約の改正が決まり、汚れたプラスチックの輸出が規制されることになった。バーゼル条約は、廃棄物を海外の国に押しつけることを防ぐ目的で1989年に採択された国際ルールで、ターゲットにある「合意された国際的な枠組み」に該当する。そのバーゼル条約の改正は、ターゲットの「すべての廃棄物の管理を実現」に合致する。

〈ゴール12　ターゲット12.c〉

　「開発途上国の特別なニーズや状況を十分考慮し、貧困層やコミュニ

ティを保護する形で開発に関する悪影響を最小限に留めつつ、税制改正や、有害な補助金が存在する場合はその環境への影響を考慮してその段階的廃止などを通じ、各国の状況に応じて、市場のひずみを除去することで、浪費的な消費を奨励する、化石燃料に対する非効率な補助金を合理化する」

2020年7月、政府は公的資金による石炭火力発電所の輸出支援を見直すことを決めた。石炭は燃焼すると、地球温暖化を招く二酸化炭素（CO_2）を大量に排出する。日本はアジアの途上国に対し、日本製の石炭火力発電所の建設を支援しており、国際社会から「温暖化対策に逆行する」と批判されてきた。

このターゲットにある「化石燃料に対する非効率な補助金を合理化する」は、公的資金による石炭火力の輸出支援に当てはまる。そして政府による見直しの発表は、ターゲットと一致する。

ここで4つのターゲットと、それぞれに該当する出来事を紹介した。ターゲットで要請されたことが、具現化したと思う。2015年に採択されたSDGsは未来を予測していた。SDGsのターゲットを熟読すると、将来の出来事を想定できる。先取りした対策を打てれば、新しい法規制が登場したとしても、慌てずに対処できる。先行してビジネスチャンスを獲得できる可能性も出てくる。企業はターゲットを将来の市場予測に活用できる。

取引条件にも

環境省「SDGs活用ガイド」には「SDGsへの対応が取引条件になる」と書かれている。

ESG（環境・社会・企業統治）投資の潮流があり、大企業は環境や社会に貢献する事業をするように金融機関から求められている。金融機関も環境や社会に配慮した企業や事業に資金を流すように世界から迫られている。

「環境や社会に良い」の基準がSDGsだ。SDGsに取り組む企業は「良い企業」として認められ、有利な条件で資金を調達できる環境が生まれている。

中小企業にもSDGsを理解することが生存戦略となる。今、大企業はサプライチェーンにも社会から厳しい目が向けられている。大企業が社内では長時間労働を是正したとしても、下請け企業で長時間労働が横行しているとしたら、NGOは大企業が下請け企業に長時間労働を押しつけているとみなす。それだけ大企業の影響力が強いのだ。

NGOからの非難がブランドイメージを傷つけ、不買運動に発展する事態も起きており、大企業はサプライチェーンの環境・社会への配慮も気にするようになった。下請け企業が「SDGsに取り組んでいる」なら環境・社会に配慮していると大企業は認め、安心して取引を継続できる。中小企業にとってSDGsは取引継続の証となる。

0 - 3	「行動の10年」「With コロナ」でのSDGs

経済・社会・環境のバランス

2020年はSDGsにおいてターニングポイントなのかもしれない。2020年はSDGsの達成期限である2030年まで残り10年なので、国連は「行動の10年」と呼び、実際のアクションを起こすように働きかけている。国際社会が協調して気候変動対策に取り組む「パリ協定」も2020年がスタートだ。そして2020年、新型コロナウイルスが世界的に流行し、経済や社会に大きな傷跡を残した。

感染を防ぐため世界各地で自粛や都市封鎖の措置がとられ、経済活動が停滞した。仕事を失った人、もしくは収入が減った人が増えて、貧困層が増加した。社会的な弱者ほど新型コロナの影響を受け、社会不安が増している。

環境面では、気候変動を招く温室効果ガスの排出量は大幅な減少が見込

まれている。新型コロナ感染を防ぐため経済活動が抑えられ、エネルギーの使用が減ったためだ。ただ、環境だけプラス、経済・社会活動がマイナスでは、SDGs が目指す経済・社会・環境のバランスがとれた成長は達成できない。コロナ禍でバランスの難しさがあらためて浮き彫りとなった。

問われる本気度

そのためか、コロナ時代の SDGs が議論されているのだと思う。アフターコロナや With コロナでの SDGs について、さまざまな方と話す機会があった。筆者の考える With コロナ時代の SDGs について整理したい。

まず、問われるのが SDGs への取り組みが「本気かどうか」だ。

SDGs に取り組むための資格はない。ISO14001 のように認証基準もない。誰でも「SDGs に賛同する」と表明でき、どの会社でも「SDGs 推進企業」と名乗ることができる。特別なルールがないため、多くの企業がSDGs に参加できた。

ただ、ハードルの低さのマイナス面を指摘する声もある。2000 年代からCSR を研究する早稲田大学の谷本寛治教授は、日本の現状を「SDGsブーム」と表現する。筆者との取材で谷本教授は「SDGs は『乗りやすい』と言った方がいいかもしれない。17 ゴールのどれかに得意分野を当てはめて『やっている』と言えば済む。事例集も簡単にできてしまう」と語っていた。

CSR はコンプライアンス（法令順守）が問われ、環境経営は規制や認証への対応が要請された。一方、SDGs には基準やルールはなく、「SDGs を推進している」と自主宣言すれば済む。ちょうど「SDGs ウォッシュ」の批判も出ている。SDGs のアイコンをホームページに掲載して取り繕っただけの「やっている振り」が、SDGs ウォッシュだ。

SDGs ウォッシュのレッテルを貼られないために「本物」である必要があり、そのために「本気」であることが問われる。では「本気」とは、どういうことか。

SDGsに取り組む理由を語れ

　谷本教授は「経営層が説明責任を果たし、自社がSDGsに取り組む理由を発信することだ。SDGsも自社の問題を掘り下げないと機能しない。SDGsを理解したら本来、どういう社会を目指すべきか考えるはずだ。経営者は哲学を語るべきだ」と語っていた（日刊工業新聞2020年6月26日付）。

　つまり大事なのは、SDGsに取り組む理由を説明できることだ。

　企業を取材してSDGsに取り組む理由を聞いても、「世の中の潮流だから」「ビジネスチャンスだから」「政府が推進しているから」程度の回答しか返ってこないことがある。「浅い」と言うと叱られると思うが、こういう理由だと本気さが感じられない。谷本教授の表現を借りると「SDGsに乗っているだけ」だ。

　他社と似た回答、模範的、パターン化された回答もある。よく耳にするのが「経営理念や創業以来のDNAが一致するからSDGsに取り組む」という回答だ。おそらく企業が抱える課題は1社1社で違うはずだ。同じ業界・業種の企業同士なら同じかもしれないが、それでも社内の課題に違いはあるはずだ。SDGsに取り組む理由も競合企業と横並びであるはずはなく、多少なりとも違いはあると思う。

模範解答からの脱却が共感を呼ぶ

　自社の課題に向き合えば、SDGsに賛同し、経営に導入する理由にも個性が出てくる。模範的、パターン化された説明から抜け出し、しっかりとした根拠もある「深み」の理由が出てくるはずだ。

　SDGsを理解し、新しい目標を設定したり、新しい事業を始めたりした企業担当者は明確な理由を語ってくれる。九州の工務店であるエコワークス（福岡市）の小山貴史社長は、ゴール5（ジェンダー平等）のターゲットを理解し「産休や育休の制度はあるが、不十分だった」と気づいたとい

う。人材不足が深刻化してきた現状もあり、女性社員が出産で退職したら戦力ダウンになる。自社が産後に復職しやすい職場なのか問い直し、2030年に社員の女性比率を50％（2019年6月現在30％）、新任管理職の女性比率も50％（同13％）にする目標を設定した。

　自社を取り巻く課題に気づいた時、経営者は不安になるはずだ。その危機感とSDGsに取り組む理由がセットになっていると本気さが伝わり、本物と感じる。

　多くの企業に、自社なりのSDGsに取り組む理由を発信してほしい。理由が明確であるほど、顧客や取引先などステークホルダーにも共感される。真剣さも伝わり、ファンになってもらえるのではないだろうか。

　そして何よりも、堂々と語れる理由があればSDGsウォッシュを防げる。

新たな活動

　Withコロナ時代におけるSDGsについて、次に大切なのが新しい活動だ。

　日本でSDGsが知られるようになった頃、企業の方から「過去からの取り組みがSDGsだった」というが声が聞かれた。確かにSDGsの参考書には「マッピング」という手順が登場し、SDGsと既存事業の関連性の整理が要求される。ゴールのどれかに合致する事業があれば、自社が世界目標の達成に貢献できる存在であることがわかる。

　拙著『SDGs経営 "社会課題解決" が企業を成長させる』でも「新しいことを始める必要はない」と書いた。SDGsに合致した既存事業を推進し、課題解決に貢献していくことは大事だ。ただし、過去からやっているからと安心してしまうと取り残される恐れがある。やはり新しい活動に挑戦してほしい。

　SDGsが採択されてから、世界が課題解決の方向に動いている。ターゲットで示されたことが現実に起きていると紹介した（前述）。「リサイクルしているから良い」と安心していたが、廃棄物そのものを減らす流れに変わってきている。食品ロス問題がその1つで、現状は賞味期限切れの食

品を家畜の飼料としてリサイクルしていて資源のムダはなくても、食品ロスの発生自体を減らすことが求められてきた。リサイクルがSDGsに合致していて十分と思っていたら、SDGsによってレベルの高い課題解決が要請されるようになった。

「追加性」の要請

海外でのサステナビリティの議論で「追加性」という用語が出るようになった。従来の取り組みの転用や流用でなく、新たな活動の追加を求める意味だ。海外の議論は時間差で日本にもやって来て、いずれ国内でも主流の意見になるのが定番だ。SDGs経営を標榜する企業も追加性を問われるようになると思って準備しておく必要がある。

そもそもSDGsには「2030年の目指すべき世界像」が描かれている。つまり過去ではなく、未来に向けた取り組みが問われている。SDGsに賛同した企業も「つくりたい未来」を語ることは自然だ。それに、過去からの事業で評価を受けるのではなく、良い未来づくりに貢献する会社として評価された方が「持続的に成長する企業」にふさわしい。

社会課題解決で起業も

SDGsの2015年の採択後、課題解決を目的に起業した会社をいくつか取材した。

エシカル・スピリッツ（東京都渋谷区）は酒蔵から酒かすを回収し、ジンを製造、販売する事業で2020年2月に起業した。日本酒造りに投入した酒米の重量に対し、30-35％の酒かすが発生する。かす漬けなどで用途はあるが、量が多くて使い切れない。酒かすは放置すると腐敗して虫が寄ってくるため、酒蔵は費用を払って廃棄している。

酒かすにもアルコールが含まれている。エシカル・スピリッツは酒かすを蒸留してアルコールを取り出し、ジンのベースとなるスピリッツ（蒸留酒）を造る。蒸留酒に香りをつけると独自のジンができあがり、付加価値

が生まれる。エシカル・スピリッツは廃棄物の酒かすを価値のある商品に変え、酒蔵の課題である酒かすの処理の問題を解消する。課題解決とビジネスを両立したベンチャーだ。

データドック（新潟県長岡市）は豪雪地帯にとって厄介者の雪を武器に変えた。2018年1月に開所した同社のデータセンターは冬、敷地に雪山をつくってシートをかぶせて保管する。夏場、雪山で不凍液を冷やしてデータセンターへ送り、空調が冷風をつくるエネルギーに使う。

データセンターは大量の電力を必要とする。デジタル化の進展でデータセンターは建設ラッシュにあり、消費電力の増大が環境負荷となっている。この課題を、地域の厄介者である雪で解決するのがデータドックのデータセンターだ。

今、取引先の環境対策を気にする企業が増えている。データを預けるデータセンターにも環境配慮を求める企業が増えると、同社のデータセンターは選ばれやすくなる。さらにデータドックはサーバからの廃熱を利用して植物工場と養殖場も運用している。植物工場ではレタスを、養殖場ではチョウザメを育てる。雪、野菜、魚、データセンターという珍しい取り合わせだ。エネルギーと環境の課題解決、さらに地域活性化にも貢献するモデルだ。

既存企業でも社会課題解決を目的とした新規事業を始めるチャンスは多いはずだ。また、女性管理職比率を掲げたエコワークスのように目標を設定することも新しい活動となる。SDGsをきっかけに法規制対応でとどまっていた活動をレベルアップできる。

求められる連携

Withコロナ時代におけるSDGsについて付け加えたいもう1つのキーワードが「連携」だ。

世の中には巨大で複雑な課題がある。1社で解決しようとしても限界がある。そこで連携が求められている。

楽天の常務執行役員CWO（チーフ・ウェルビーイング・オフィサー）小林正忠氏はインタビューで、「2019年秋、米国でサステナビリティー関連の会合に参加した。その場で海外企業はお互いの強みを掛け合わせたら何ができるのか議論し、連携を呼びかけていた。我々も日本において他社と歩みをともにしたい。手柄を抱え込み、私だけがかっこつけたいのではない。1社で世の中を変えられない。人類の課題を仲間と解決していきたい。そう考えるとワクワクしてくる」と語っていた（日刊工業新聞2020年2月7日付）。

小林常務以外に限らず、海外のイベントに参加した経験者に聞くと、海外企業は連携を呼びかけることが多いという。

それは1社では限界だと痛感しているからだろう。例えば米国企業の場合、ハリケーンで大きな被害を受けており、地球温暖化の問題に強い危機感を持っている。1社だけで省エネルギー活動に取り組み、工場屋上に太陽光パネルを設置しても温暖化の解決にはつながっていない。他の多くの企業を巻き込まないと再生可能エネルギーは普及せず、ハリケーン被害を食い止められないと理解しているから連携を呼びかけている。

対して日本企業は、イベントで「わが社の取り組み」を発表するパターンが多い。先ほども触れたが、海外の潮流は日本にも伝播する。時間を置かずに日本でも連携がSDGsのキーワードになると思う。

セルロース繊維混合プラのタンブラーを共同開発

日本でも連携の成功例が生まれている。パナソニックとアサヒビールは2019年8月、セルロース繊維を混合したプラスチックでできたタンブラーを発売した。植物から取り出したセルロース繊維の分だけ石油由来プラスチックの使用量を減らしており、環境配慮型の商品だ。

セルロース繊維混合プラスチックはパナソニックが開発し、自社製品の掃除機に搭載していた。プラスチックにセルロース繊維を重量比50％以上混ぜながらも、自由な形状に加工できるのが特徴だ。

　タンブラーはアサヒビールと共同開発した。プラスチックと同様の強度がありながら、木のような風合いがあり「森のタンブラー」と名づけた。アサヒビールは2019年、スポーツイベントなどでビールと一緒に森のタンブラーを販売した。繰り返し使うリユースカップやマイカップとしての利用を呼びかけ、プラスチック削減を啓発してきた（パナソニック、アサヒビール2019年7月9日リリース）。

　両社は2020年も連携を継続し、Jリーグ・ガンバ大阪のオフィシャルグッズやアサヒビールのホームページ「Future Tide」などで森のタンブラーの販売を拡大している（パナソニック、アサヒビール2020年6月29日リリース）。

異業種の連携で環境貢献アップ

　パナソニックとアサヒビールの連携によって、セルロース繊維混合プラスチックの用途が広がった。家電メーカーと飲料メーカーという異業種の連携だから異なる商品をつくり、異なる客層に環境配慮素材のPRもできた。

　石油由来プラスチックの使用を減らせる環境配慮素材であっても、普及しなければ環境貢献の効果は薄い。せっかく開発した技術も、世の中に役立たないともったいない。連携によって普及スピードが上がれば、環境にも大きな貢献ができるようになる。

　SDGs達成に貢献できる新事業を開始した時、スピード感を持って成長させるために、連携は重要になるだろう。成長や普及スピードがあれば利益も早く出て、その事業を継続できる。そして2社以上で取り組むことで貢献度を高めることができ、より「SDGs達成に貢献しています」と言いやすくなる。

With コロナの処方箋

　「本気」「新しい活動」「連携」の3つのキーワードを挙げた。SDGsが採

択されてから5年となり、期限の2030年まで10年となったことで国連は「行動の10年」と呼んでいる。そしてSDGsを理解する段階は終わり、行動や成果を求めている。本気、新しい活動、連携は「行動の10年」のキーワードでもある。

そして3つのキーワードは、Withコロナの処方箋にもなると思う。

経営努力では回避できない危機は必ず起きる。2000年以降でも米国同時多発テロ（2001年）、リーマン・ショックをきっかけとした世界経済危機（2009年）、東日本大震災（2011年）、そして2020年はコロナ禍が発生した。

危機の影響で企業は事業を縮小せざるを得ない。そして、危機後の回復力が問われるのだと思う。回復途上で顧客、取引先、従業員が根強いファンであれば、支えてくれるだろう。感染対策で自粛しているうちに「なくても影響がない会社」と思われてしまうようだと、危機後の回復も難しい。

新型コロナが収束しない状況が続けば、自粛などで事業活動を抑制しながらの経営が続く。このWithコロナの状況でも「社会から必要とされる会社」であり、支持してくれるファンがいれば、事業を継続できるはずだ。

課題解決に本気で取り組む企業であれば、顧客や取引先は共感し、ファンになってくれる。感染対策として多くの企業が医療機関などにマスクや防護服を寄贈したり、製造したりした。こうした企業は評価される。逆にマスクを買いだめし、高額で売っていたような企業であれば社会から信頼されない。

レジリエント・カンパニー

Withコロナの状況で企業が新しい活動を始めるとしたら、社会に役立つ内容を検討する確率が高いはずだ。それはSDGsに貢献する活動でもある。そして、連携によって活動にスピード感が生まれると早く社会に貢献できる。早く、大きな貢献ができればステークホルダーからの評価も高ま

り、根強いファンも増える。

　特にWithコロナの状況では、1日でも早い貢献が望まれているはずであり、連携は新しい活動にも推進力を与えてくれる。そして何よりも、連携相手との助け合いによって回復力を高めてくれる。

　ここまで回復力と言ってきたが、最近の言葉ではレジリエント（resilient）という用語が使われる。「強靭なさま」「弾力なさま」「柔軟なさま」という日本語訳が当てはめられるが、「外からの力が加わっても、元の姿に戻れる力」という意味だ。

　これまでサステナビリティ・カンパニー（持続可能な企業）が目指す方向として語られてきた。Withコロナにおいて、「レジリエント・カンパニー（回復力のある企業）」が理想の姿なのだと思う。不可抗力の危機に直面すると事業も打撃を受ける。苦しい状況でも事業を継続し、そして回復できるレジリエント・カンパニーになるには、1社の努力では限界がある。

　SDGsに取り組む理由を語り、SDGsを参考に新しい活動に挑み、SDGsに賛同した企業との連携によって社会課題を解決する。この循環によって根強いファンが増えれば、危機に強いレジリエント・カンパニーとなり、Withコロナを乗り越え、長続きする企業になるはずだ。

グリーン・リカバリー

　欧州では新型コロナの大流行で傷ついた社会を、CO_2を排出しない脱炭素型の社会につくりかえる「グリーン・リカバリー（緑の回復）」を求める動きが広がった。日本でも、政府の経済財政諮問会議で日立製作所の中西宏明会長、サントリーホールディングスの新浪剛史社長らが「デジタル化やグリーン化、サステナビリティなど未来を先取りする投資を重点的に推進し、今後の回復の起爆剤とすべき」と提言した。

　グリーン・リカバリーやサステナビリティはSDGsが掲げた未来像である。コロナ後の世界はSDGs実現に向けて動き出す。「行動の10年」でも

あり、SDGs達成への速度は増すはずだ。

　SDGsの本質であるターゲットを読み直し、本気、新しい活動、連携の
きっかけをつかみ、そして推進してほしい。

Part 1

貧困をなくそう

あらゆる場所あらゆる形態の貧困を終わらせる

日本人にとって貧困は日常からかけ離れた課題かもしれない。しかし、海の向こうの取引先の従業員は貧困から抜け出せない生活を送っている可能性がある。国内でも同僚の家庭が貧困かもしれない。想像すると解決に貢献できる活動が見つかるだろう。

2030年までに、現在1日1.25ドル未満で生活する人々と定義されている極度の貧困をあらゆる場所で終わらせる

インプット　サプライチェーンの貧困に気づこう

SDGs　ケーススタディ　遠い取引先の収入を増やす仕組みづくりを考える

　1.25ドル未満は、日本円に換算すると135円（1ドル108円＝4月10日の為替）。日本では1日135円で生活できるだろうか。家に余った食材をやりくりして献立を工夫すれば、1食くらいなら何とかなるかもしれない。

　このターゲットは1.25ドルよりも少ない「極度の貧困」を終わらせることを目標としている。1日135円よりも少ない生活費となると、日によっては「食事なし」だろう。

　こんな厳しい状況で生活する人たちがいることを、日本にいると実感を持って意識しにくい。しかし実際には、途上国の自社の取引先に極度の貧困に置かれている人がいるかもしれない。直接の取引先ではなく、取引先の取引先の取引先、つまりサプライチェーンをさかのぼると「極度の貧困」に行き着くかもしれない。

　2020年2月5日、国際協力機構（JICA）は一般公開イベント「SDGsとチョコレート－持続可能な未来のためにできること－」を都内で開催した。

　チョコレートの原料であるカカオの産地として有名なガーナでも、カカオ農家1人当たりの1日の収入は0.4-0.45ドルという（国際カカオイニシアティブ）。ターゲットにある1.25ドルを大きく下回り、100円にも満たない。アフリカなどの他のカカオ産地の収入も同水準だ。私たちが食べるチョコレートは、極端に低い収入で働く途上国の農家によって支えられて

いる。

　今、途上国でも工場ができたり、大都市ができたりして、カカオ栽培よりも収入が高い職場ができている。収入が増えないカカオ栽培を諦め、他の職業に就く農家が増えたらどうだろう。カカオ農家が減ると日本の菓子メーカーはカカオを調達できなくなり、チョコレート製品を生産できなくなる。カカオを安く購入することばかり追求し、「安くしろ」と圧力をかけ続けていたら、カカオ農家がいなくなり、自分たちのチョコレートビジネスが持続可能ではなくなる。

　JICAのイベントはこうした問題意識を共有し、メーカーや商社、NGOなどが一緒に解決策を考えようと呼びかける内容だった。またイベントでは、農家の収入アップのためにカカオの品質を上げる農法を指導している日本企業の取り組みも紹介された。遠く離れた国のカカオ農家もサプライチェーンの一員と考え、一緒に持続可能になる道を考える発想が、企業に求められている。

　JICAは2020年1月、「開発途上国におけるサステイナブル・カカオ・プラットフォーム」を設立した。企業や日本チョコレート・ココア協会などが参加し、ビジネスの力を活用したカカオ農家の課題解決を目指す（https://www.jica.go.jp/activities/issues/governance/platform/index.html）。

　1日1.25ドル未満で生活する「極度の貧困」は、日本には関係がない課題と思いがちだ。しかし、途上国の貧困を放置すると、いずれ原材料調達などで支障が出て、自社のビジネスが持続可能ではなくなるかもしれない。

　食品以外にアパレル産業でも、サプライチェーンの先にある途上国での極端な低賃金労働が問題となっている。1社よりも産業団体として団結として解決に取り組むと影響力があり、効果が出そうだ。もちろん個々の企業でもできることがある。例えば「フェアトレード」だ。

　「フェアトレード　ジャパン」のホームページによるとフェアトレード

とは「開発途上国の原料や製品を適正な価格で継続的に購入することにより、立場の弱い開発途上国の生産者や労働者の生活改善と自立を目指す貿易のしくみをいいます」と説明されている。「買いたたかず」に適切な賃金を支払った貿易のことだ。

また、ホームページにはフェアトレード認証制度も紹介されている。サプライチェーンの先にある途上国の生産者や労働者に適切な賃金が支払われたと証明する制度であり、認証がある商品の購入によってフェアトレードを実践できる。

地域の企業や小売店、学校、市民のフェアトレードを応援する自治体「フェアトレードタウン」もあり、日本では熊本市、名古屋市、逗子市、浜松市が登録されている。

企業は「自社製品で認証を取得する」「認証製品を選んで購入する」「自治体と一緒に取り組む」など、さまざまな方法でフェアトレードに参加できる。もちろん認証を取得しなくても、普段からサプライチェーンの労働環境に配慮しておくと、ターゲットに貢献できる。

調達先の労働環境を知る手がかりとなるシステムを、米ブルーナンバー財団（ニューヨーク）が提供している。インターネットで情報を収集し、世界に点在する調達先の社会的健全性を評価するシステムとして2015年に運用を始めた（日刊工業新聞2017年12月26日付）。

主に大企業が、途上国の調達先企業にIDを持ってもらい、社名、住所といった基本情報、品質・環境分野の認証を登録してもらう。情報はホームページの地図上に表示され、自然破壊や汚職、地域とのトラブルの有無を把握できる。

IDは調達先の従業員にも付与できる。従業員が賃金や勤務時間の情報を入力すれば、大企業は低賃金や長時間労働時間が横行していないか確認できる。

アウトプット　**貧困撲滅は「ビジネスを持続可能にする」ため**

　「安いことは良いこと」という風潮がある。企業の調達部門で働く人も原材料を安く購入することが、日々の業務になっている。企業が利益を出すためにコストダウンは必要だ。ただし、とにかく「買いたたく」ことに熱心となり、取引先が疲弊したらどうだろう。取引先との信頼や絆は薄れる。低賃金で働く従業員はモチベーションが下がるので、不注意で不良品を作って納入するかもしれない。

　自社の従業員も、低賃金の社員ばかりになったらどうだろう。会社への愛着も、忠誠心もない。会社のために一生懸命に働こうとは思わない。不満は不正の温床になるかもしれない。

　やや貧困とは離れた話となったが、自社のビジネスを持続可能にするために、適切な価格での取引は重要だ。

JICA が 2020 年 2 月 5 日に開催したイベント「SDGs とチョコレート」

ターゲット　1.2　｜新しい活動＼

2030年までに、各国定義によるあらゆる次元の貧困状態にある、全ての年齢の男性、女性、子供の割合を半減させる

ターゲット　1.3　｜新しい活動＼

各国において最低限の基準を含む適切な社会保護制度及び対策を実施し、2030年までに貧困層及び脆弱層に対し十分な保護を達成する

｜インプット＼　従業員とその家族の生活環境に気を配ろう

SDGs　ケーススタディ　社内と地域の最低賃金を比較する

　前項で紹介したフェアトレードなどは、ターゲット1.2の活動例にもなる。ここでは、GRIと国連グローバル・コンパクトが作成した『ゴールとターゲットの分析』（http://www.ungcjn.org/sdgs/pdf/elements_file_target.pdf）を参考に、ターゲット1.2と1.3を併せて事例を見てみる。ターゲット1.2の達成に貢献する活動が掲載されており、社内やサプライチェーンにおける貧困対策のヒントになるからだ。

　例えばビジネス・アクションには、「従業員が貧困から抜け出せるためにディーセント・ワークの提供」「最低限の生活賃金の支払い」「両親が子供を養うことができる賃金を支払う」「経済的に不利な立場にある人をバリューチェーンに含める」などが紹介されている。ディーセント・ワークとは「働きがいのある人間らしい仕事」をいう。

　ここで「両親が子供を養うことができる賃金を支払う」に注目したい。「子どもの貧困」という言葉を聞いたことがあると思う。政府によると日本の子どもの7人に1人は、十分な所得に満たない家庭で暮らす「貧困状態にある子ども」という。所得格差や一人親などが主な原因だ。

　貧困が原因で教育機会に恵まれなかった子どもは、成人後に低所得な職業に就く傾向があり、その子どもにも貧困が受け継がれる。「貧困の連鎖」が続くと低所得な成人が増え、43兆円の経済損失になるとの試算がある。

　43兆円の損失ということは、それだけ日本人が商品を買う力（購買力）が衰えることになり、日本経済は縮小し、将来のビジネス活動にも影響が出る。「子供を養うことができる賃金を支払う」ことは、将来の市場やビジネスを守ることにつながる。

　自分の会社では子供を養うことができる賃金を支払っていたとしても、取引先は違うかもしれない。取引先の従業員の賃金は確認できないが、十分な賃金が支払われていない様子が見えたら改善の方法を一緒に考えてはどうだろう。

　前述の『ゴールとターゲットの分析』の開示事項も参考になる（実際に開示はしなくても、参考として）。「社内に地域最低賃金の従業員が存在するのか」「男女別・常勤・契約など契約形態別の平均賃金」「生活費と比較した収入の傾向（増えている、減っている、安定など）」を具体的な開示事項の例に挙げている。

　もし、社内に地域最低賃金で働く従業員がいるとしたら、経営者は地域で最も貧しい条件で働かせているということになる。地域の最低賃金を調べ、社内の最低賃金と比べてみよう。

　また、性別で賃金に差があれば、男女格差を助長する。シングルマザーの生活は困窮し、子どもは貧困から抜け出せない。

　『ゴールとターゲットの分析』にはターゲット1.3達成に貢献するビジネス・アクションもある。ターゲット1.2に比べると項目は少ないが、「従業員とその家族の健康と福祉を実現するに十分な生活水準に対する権利を尊重」など、家族を含めた記述が多い。社内に家族の貧困を生む土壌がないか、確認してみよう。

　子供の貧困対策を考えよう

　企業が置かれた経済状況もあるので、軽々しく「賃金を増やそう」とは言えない。経営の継続のために、やむなく賃金を絞っている経営者もいるかもしれない。それでも、念のため自社の地域における賃金レベル、シングルマザー・ファーザーの従業員の有無、従業員の子どもの生活環境を確認してみたらどうだろう。賃金や家族に気を配っている会社と従業員に思ってもらうだけでも違うのではないだろうか。

地域別最低賃金の全国一覧（令和元年度地域別最低賃金改定状況）

都道府県名	最低賃金時間額（円）	都道府県名	最低賃金時間額（円）
北海道	861	滋　賀	866
青　森	790	京　都	909
岩　手	790	大　阪	964
宮　城	824	兵　庫	899
秋　田	790	奈　良	837
山　形	790	和歌山	830
福　島	798	鳥　取	790
茨　城	849	島　根	790
栃　木	853	岡　山	833
群　馬	835	広　島	871
埼　玉	926	山　口	829
千　葉	923	徳　島	793
東　京	1,013	香　川	818
神奈川	1,011	愛　媛	790
新　潟	830	高　知	790
富　山	848	福　岡	841
石　川	832	佐　賀	790
福　井	829	長　崎	790
山　梨	837	熊　本	790
長　野	848	大　分	790
岐　阜	851	宮　崎	790
静　岡	885	鹿児島	790
愛　知	926	沖　縄	790
三　重	873	全国加重平均額	901

（厚生労働省の資料から作成）

　長期視点になるが、将来の日本のマーケット縮小を少しでも食い止めるため、子どもの貧困対策は重要だ。まずは社内、そして余裕もあれば社外の活動に協力してみてはどうだろう。事業で得た利益を、子どもの貧困対策に使うことは経営の持続可能性につながる。内閣府の「子供の未来応援プロジェクト」（https://www.kodomohinkon.go.jp/）に、企業ができる支援策が掲載されている。

ターゲット　1.4　新しい活動

2030年までに、貧困層及び脆弱層をはじめ、全ての男性及び女性が、基礎的サービスへのアクセス、土地及びその他の形態の財産に対する所有権と管理権限、相続財産、天然資源、適切な新技術、マイクロファイナンスを含む金融サービスに加え、経済的資源についても平等な権利を持つことができるように確保する

インプット　誰でも寄付に参加できる仕組みを考えよう

SDGs ケーススタディ　業界、有志一。力を合わせれば、大きな支援になる

　日本証券業協会は2019年4月、「株主優待SDGs基金」を立ち上げた。証券会社が本業によって貧困問題解決に協力できる仕組みだ。

　株主優待は、企業が自社の株主に割引券や商品を贈る制度として定着している。企業には個人株主を増やしたり、自社の商品・サービスを宣伝したりする機会となっている。

　株主優待SDGs基金は、証券会社が自社の株主を対象に社会貢献活動への寄付を選べるメニューをつくる。株主が寄付を選択すると、証券会社は社会貢献団体に寄付する。株主は商品・サービスを受け取る代わりに社会貢献に参加できる。

株主からの寄付とは別に、証券会社も株主優待で受け取った品と同等額を基金に寄付する。証券会社はビジネスの関係上、多くの企業の株式を持っており、株主優待で受け取る品が多い。基金を活用すると、受け取った品を社会的に有効活用でき、本業で社会貢献できる。

　株主優待SDGs基金による2019年度の支援先は、国連の食料支援機関である「国連世界食糧計画（WFP）」だった。WFPは飢餓をなくすことを目的として1961年に設立。災害や紛争の被災者、妊婦や授乳中の母親、栄養不良の子どもなど、最も貧しい暮らしをしている人々を支援している。株主優待SDGs基金からの寄付は、学校給食（1日約30円）に充てる。子どもの栄養状態の改善にとどまらず勉強への集中、学校へ通えない子どもの就学支援につながると期待している。

　海外の貧困を簡単に撲滅できる特効薬はないのが実情だ。企業ができることは現地に進出して雇用を創出し、生活向上を支援すること。もう一つは寄付などによる金融・物的援助だ。現地に進出できない企業でも寄付はできる。

　ターゲット1.4は「貧困層及び脆弱層が、経済的資源についても平等な権利を持つことができるように確保する」とある。すべての貧困層および脆弱層に平等に援助することは難しい。ただ、多くの人が寄付に参加できる平等な方法を考案することはできると思う。1社では限界があるが、日本証券業協会のように業界一丸で工夫すると、株主（個人）も巻き込める方法がある。

　富士ゼロックスの有志社員は100円未満の「端数」を給与から出し合って社会貢献活動を支えている。1991年に社員の発案で始まった「端数倶楽部」と呼ぶ活動だ。会員になった社員は給与の100円未満の金額と1口（100円）以上を端数倶楽部の銀行口座に寄付する。年2回の賞与も対象だ。派遣や契約社員、退職者も年会費で貢献できる。

　2019年3月末時点の会員は約3400人。毎年約500万円が集まり、会員のボランティア活動などを支えている。社会福祉、自然保護、被災地支

援と活動は幅広く、カンボジアの小学校建設も支援した。

　端数倶楽部の支援活動は年30件、寄付先も60団体ある。1人1人の寄付額が少額でも大きな貢献ができている（いずれも2019年3月時点）。会員になる、ならないは自由だが、契約社員も含めた社員であれば端数倶楽部への参加資格がある。「100円未満」からの寄付は、買い物のついでにレジ脇にある募金箱におつりを入れる感覚と近い。少額でありながらも、多くの社員が参加できる仕組みなので、カンボジアに小学校を建設するような大きな貢献ができた。多くの人が寄付に平等に参加できる仕組みの効果だ（日本証券業協会2019年4月16日リリース、日刊工業新聞2019年5月10日付）。

アウトプット　株主も社会貢献に参加。給料の「端数」を寄付

　SDGsケーススタディでも触れたが、貧困の撲滅は難題だ。SDGsの前身のMDGs（ミレニアム開発目標、2000年に採択された2015年までの世界目標）から掲げられている目標だ。

　途上国に工場を建設して雇用を生み出すことはできるが、すべての日本企業が進出できる訳ではない。誰でも参加しやすい寄付の仕組みを考え、集めた資金で貧困撲滅のために活動する団体を支援する方法があるだろう。

　日本証券業協会の「株主優待SDGs基金」は、260社以上の会員会社すべてが寄付に参加できる。しかも株主にも寄付の機会を提供する仕組みだ。富士ゼロックスの端数倶楽部は社員なら誰でも参加できる。そして少額の寄付であっても、大きな効果を生み出せる。

　貧困根絶に貢献したい企業は、地域の産業・経済団体の会員企業、もしくは自社の社員が参加しやすい寄付を考えてはどうだろう。多くの人を巻き込むことができれば、寄付によって大きな貢献ができる。寄付した人も達成感を感じられるはずだ。

株主優待SDGs基金のイメージ図

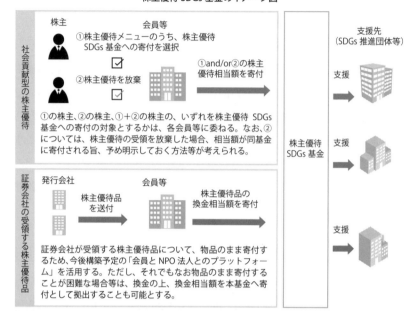

賛同する会員等より以下の株主優待相当額を原資とする寄付を受け入れる。
　①株主優待メニューから「株主優待SDGs基金への寄付」を選択した株主に係る株主優待相当額
　②株主優待品の受領を放棄した株主に係る株主優待相当額
　なお、同基金は会員等が受領する株主優待品の換金相当額を原資とする寄付も受け入れる。
同基金は、こうして集まった資金を、SDGsの達成に寄与すると認められる活動を行うところのうちから、
関係者で協議の上、支援先を決定し、寄付金を拠出する。

（日本証券業協会HPから作成）

ターゲット　1.5　新しいビジネス

2030年までに、貧困層や脆弱な状況にある人々の強靱性（レジリエンス）を構築し、気候変動に関連する極端な気象現象やその他の経済、社会、環境的ショックや災害に暴露や脆弱性を軽減する

インプット　途上国での自然災害・異常気象対策を考えよう

SDGs　ケーススタディ　長期的な視点における市場開拓の一手

　台風、豪雨、長雨など、甚大な被害が出る自然災害が多発している。これは日本に限ったことではない。ハリケーンによる広域の浸水、暴風雨とともに大波が海岸地域を襲う高潮、猛暑による干ばつなど、異常気象による被害が世界各地で発生している。

　貧困層ほど、こうした極端な気象現象に襲われた時のダメージが大きい。住宅を失われても再建できる貯蓄はない。天候不順によって農作物が不作になると、収入が途絶える。貧困層は一度、災害に見舞われると生活の立て直しが難しい「脆弱な状況」に置かれている。

　地球温暖化が進行しており、異常気象による災害が増えると予想されている。このままでは貧困層は脆弱なままで、災害のたびに困窮していく。

　SOMPOホールディングスの「天候インデックス保険」は、気候変動の影響を受けやすい途上国の貧困層を救う商品だ。天候不順が発生すると契約者の農家に保険金を支払う。「農作物の収穫がどれだけ減った」「収入はいくら減った」などの査定はなし。天候不順という事実だけで保険金を支払う。農家はスピーディーにお金を受け取れるので、当面の生活資金を確保できる。

　天候インデックス保険は2010年、第1弾としてタイのコメ農家向けに発売した。現地の気象庁が発表する累積降水量が一定値を下回ると、自動的に保険金の支払いが決まる。1000件を見込んでいた契約は、2年間で

6000件に拡大した。干ばつに襲われた2012年は、契約した農家から受け取る保険料の3.5倍の保険金の支払いがあった。2017年までに契約は1万5000件に達した。

　もともと天候インデックス保険は、国際協力銀行（JBIC）などと2007年から研究してきた。当時から念頭にあったのが気候変動だ。途上国には農業で生計を立てる住民が多く、頻発する自然災害が生活を脅かしてきた。農家の経済的損失を抑えて生活基盤を守ろうと天候インデックス保険を開発した。

　SOMPOグループはタイで果実のロンガン（竜眼）農家向けの天候インデックス保険も扱う。2018年12月からミャンマーでもコメ農家向けに天候インデックス保険の試験導入が始まった。

　途上国には、保険制度自体ない国がある。天候インデックス保険がきっかけとなって保険ビジネスそのものが現地に根付けば、同社にも新しい市場が生まれる（日刊工業新聞2019年8月23日付）。

アウトプット　低所得者・貧困層向けビジネス参入の可能性

　日本企業にとって途上国でのビジネスは参入が難しい。低賃金で暮らす人が多く、商品は安くしないといけない。ただ、低価格でも買ってもらえる保証はない。販売できたとしても、投資したコスト分の利益を回収できるか不安だ。低所得者・貧困者向けとなると、さらに参入障壁は高まる。

　この障壁を突破できるとビジネスチャンスを獲得できるはずだ。天候インデックス保険の場合、日本政府が国連で紹介するなど、世界的にも成功モデルとなっている。

　SOMPOホールディングスは、政府系金融機関であるJBICと組んで開発した。日本政府のお墨付きがあるので、タイでも信頼が得られて契約者獲得に結びついたのだろう。

　低所得者・貧困層向けのビジネスは「将来、市場が大きくなる」と見込み、じっくりと構える長期視点、そして政府など公的な機関との連携が成

功のポイントであり、ターゲット達成に貢献できる。

....

ターゲット　1.a

あらゆる次元での貧困を終わらせるための計画や政策を実施するべく、後発開発途上国をはじめとする開発途上国に対して適切かつ予測可能な手段を講じるため、開発協力の強化などを通じて、さまざまな供給源からの相当量の資源の動員を確保する

....

ターゲット　1.b

貧困撲滅のための行動への投資拡大を支援するため、国、地域及び国際レベルで、貧困層やジェンダーに配慮した開発戦略に基づいた適正な政策的枠組みを構築する

Part 2

飢餓をゼロに

飢餓を終わらせ、食料安全保障及び栄養の
改善を実現し、持続可能な農業を促進する

農業はなじみやすく、関わりやすいテーマだろう。今は農業ビジネ
スに携わっていない企業でもITやロボットなどで参入余地があるの
では。社内のリソースを吟味すると、新しい農業ビジネスの可能性
と世界の食料問題への貢献が見えてくる。

2030年までに、飢餓を撲滅し、全ての人々、特に貧困層及び幼児を含む脆弱な立場にある人々が一年中安全かつ栄養のある食料を十分得られるようにする

5歳未満の子供の発育阻害や消耗性疾患について国際的に合意されたターゲットを2025年までに達成するなど、2030年までにあらゆる形態の栄養不良を解消し、若年女子、妊婦・授乳婦及び高齢者の栄養ニーズへの対処を行う

ターゲット 2.3 新しいビジネス

2030年までに、土地、その他の生産資源や、投入財、知識、金融サービス、市場及び高付加価値化や非農業雇用の機会への確実かつ平等なアクセスの確保などを通じて、女性、先住民、家族農家、牧畜民及び漁業者をはじめとする小規模食料生産者の農業生産性及び所得を倍増させる

インプット 農業ビジネスに参入する

SDGs ケーススタディ デジタル活用でハードルの下がった農業にビジネス参入

　日本の農業に置き換えてこのターゲットを読み解いてみたい。「小規模食料生産者の農業生産性及び所得を倍増させる」は、日本の農業が目指す方向と一致するだろう。日本で"倍増"は高いゴールだが、農家や農業法人の所得を増やすことは、日本の農業を持続可能にするために必要なことだ。

　まず、日本の農業の現状を抑えておきたい。高齢化などの理由で農業を

やめる「離農者」が増え続け、作付けされない「耕作放棄地」が増加している。農林水産省によると1995年に24.4万haあった耕作放棄地は、2015年には42.3万haに拡大した。20年でほぼ2倍となった計算だ。

一方、2010年に8兆1214億円だった農業産出額は、2018年に9兆558億円へ増額した。政府の「農業の成長産業化」政策によって、農業に参入する企業は増えた効果が出ているようだ。他にも海外での日本食ブームによる輸出増加の貢献も大きい。産出額の上昇に伴い、生産農業所得も増えている。耕作放棄地の拡大という課題を抱えながらも、「農業生産性及び所得を倍増させる」という方向へ着実に進んでいる。

農業の成長産業化は、多くの企業にとってビジネスチャンスだろう。企業が生産現場で培った技術やノウハウも、農業にも応用できるはずだ。

例えばセンサー技術がある。農地に取り付けると気温、湿度、降雨量などを計測できる。データ化すれば自動で収集と記録ができ、パソコンやスマートフォンで確認できる。農業従事者は農地に行かなくても現地の気象を知り、水やりの量やタイミング、収穫時期を判断できる。蓄積された過去のデータと比較し、より品質が良く、収穫量を増やす方法も工夫できる。

最近では土壌センサーも登場している。土の中の水分量や温度だけでなく、電気伝導度も計測して肥料をまくタイミングを判断できるという。センサーであらゆる情報が数値化、記録化できるようになったことで、ベテラン作業者の経験や勘に頼ってきた作業を若手も継承しやすくなる。

ロボットも農業での活躍が期待されている。無人で走行し、自動で草を抜いてくれるロボットが登場している。また、除草剤をピンポイントで散布するロボットも開発されている。高齢化が進み、就農者が減った農業において除草作業の負担は大きく、ロボットへの期待が高い。農水省も1台50万円の価格目標を設定し、無人で走行する草刈り機の開発を支援している。

果実を収穫するロボットの開発も進む。画像センサーで果実を確認し、

傷つけないようにアームで収穫する技術は確立されている。開発に成功すると、日本の農業の生産性及び所得の倍増に貢献でき、企業もビジネスを獲得できる（『図解よくわかるスマート農業』（三輪泰史編著、日本総合研究所研究員著、日刊工業新聞社、2020年）参考）。

センサー、データ解析、ロボット技術で農業生産性及び所得を倍増に貢献

　政府は農業の「成長産業化」を掲げており、農業産出額が増額に転じる成果が出ている。企業も時流に乗ると、農業分野に進出しやすい。

　センサーを活用したデータの収集や解析によって生産工程の無駄を見つけ、改善する試みは製造業で実践されている。センサーの低価格化、スマホなどの携帯端末の普及、クラウドコンピューティングの発達もあって製造業以外でもデータの収集・解析は珍しくなくなった。あらゆるものをイ

MY DONKEY実証機（農水省・スマート農業実証プロジェクト）

（日本総合研究所提供）

ンターネットでつなぐ「IoT」の登場もあり、センサーは導入しやすくなっている。

　ロボットも同じだ。製造現場で活用が進むと同時に、最近は意外な場所でもロボットが活躍する。すでにクボタが、自動運転が可能なトラクター「アグリロボ」を発売している。ヤンマーホールディングスも自動運転技術搭載の「スマートパイロット」シリーズを展開し、農業のロボット化が始まっている。

　センサーやロボットが低コストで手軽に利用できるようになると、少ない人数で多くの農地をカバーできる。そうなると、耕作放棄地の増加にも歯止めをかけることができそうだ。製造業と農業は違うが、応用できる部分は多いと思う。

ターゲット　2.4　新しいビジネス

2030年までに、生産性を向上させ、生産量を増やし、生態系を維持し、気候変動や極端な気象現象、干ばつ、洪水及びその他の災害に対する適応能力を向上させ、漸進的に土地と土壌の質を改善させるような、持続可能な食料生産システムを確保し、強靭（レジリエント）な農業を実践する

インプット　異常気象に強い農業・食料生産に貢献しよう

SDGs　ケーススタディ　ビール製造の副産物を有効活用

　ビール酵母を由来とする肥料が、野球でおなじみの阪神甲子園球場で使われている。グラウンドを管理する阪神園芸が自然芝に散布している。

　ビールと芝は意外な組み合わせと思われるが、芝が強く均一となり、ボールが思わぬ方向に飛ぶイレギュラーバウンドが起きにくくなる効果がある。また、芝の根が全体にしっかりと張ることでクッション性が高ま

り、選手の体への負担軽減が期待できるという。

　ビール酵母を由来とする肥料は、アサヒバイオサイクルが生産・供給する農業資材。同社はアサヒグループホールディングスの子会社であり、アサヒビールのグループ企業だ。

　農業資材の原料となるビール酵母は、ビール醸造工程で取り除かれる副産物。酵母自体は栄養価が高く、アサヒグループホールディングスは胃腸・栄養補給薬「エビオス錠」、調味料、家畜飼料として販売してきた。

　甲子園の自然芝の管理に使う農業資材は、ビール酵母の細胞壁を独自技術で加工した。与えられた植物は根を張る力が引き出され、成長が促される。細胞壁によって植物は病原菌に感染したと勘違いし、植物生理が活発になるためという。発根によって栄養の吸収や光合成が促進され、「強い植物」になる。

　農業資材を使った肥料は、公園や学校、ゴルフ場、競馬場の芝生の管理にも使われている。芝が丈夫になるので、園芸のプロも重宝している。農薬や化学肥料の使用を抑えられるので、環境に配慮して芝生を管理できる。

　農業分野でも今後、活用が広まる可能性を秘めている。今、気候変動が進行し、猛暑や長雨が頻発している。農作物には過酷な生育環境になっているが、ビール酵母を由来とする肥料を使うことで異常気象に強くなると期待されている。

　これまでの試験で稲の育ちが良くなり、コメの収量が増える効果を確認できた。根がしっかりと張った稲は、猛暑や長雨に見舞われても育ち、コメを供給してくれそうだ。

　気候変動が引き起こす異常気象に強い農作物を育てることができれば、ターゲット2.4の「気候変動や極端な気象現象、干ばつ、洪水及びその他の災害に対する適応能力を向上させる」に貢献できる。そして「持続可能な食料生産システムを確保し、強靭（レジリエント）な農業を実践する」ことになる。さらにビール酵母は天然資源なので散布しても汚染の心配が

なく、ターゲットにある「生態系の維持」にもつながる（アサヒグループ
ホールディングス2019年7月24日リリース、日刊工業新聞2017年12
月12日付）。

| アウトプット | 異常気象に強い農作物を育てる |

　ビール製造の副産物を商品化しているので、廃棄物を出さずに資源を有
効活用している。気候変動対策にも貢献し、農業生産や食料供給の持続可
能性にも役立とうとしている。しかも土壌などを汚染する心配もない。

　国連はSDGsの17のゴールをバラバラで捉えず、関連させて相乗効果を
発揮するように求めている。ビール酵母由来の農業資材はSDGsの要求も
満たしている。

　農業や食料に関連するビジネスをしていない会社も多い。ただ、農業や
食料は人類の生存にとって必要不可欠であり、将来の気候変動、世界的な
人口増加による食料不足を考えると課題満載な分野だ。農業・食料の異業
種企業であっても、SDGsの発想で関連事業や相乗効果を追うと、参入の
余地が見つかるのでは。

ターゲット　2.5

2020年までに、国、地域及び国際レベルで適正に管理及び多様化され
た種子・植物バンクなども通じて、種子、栽培植物、飼育・家畜化された
動物及びこれらの近縁野生種の遺伝的多様性を維持し、国際的合意に基づ
き、遺伝資源及びこれに関連する伝統的な知識へのアクセス及びその利用
から生じる利益の公正かつ衡平な配分を促進する。

開発途上国、特に後発開発途上国における農業生産能力向上のために、国際協力の強化などを通じて、農村インフラ、農業研究・普及サービス、技術開発及び植物・家畜のジーン・バンクへの投資の拡大を図る

インプット　製品・サービスを試せる国プロに参加しよう

SDGs　ケーススタディ　政府が用意した農業デジタル技術を十分に活用する

　ターゲット2.3に続き、2.aも日本の農業に置き換え、「農業研究・普及サービス、技術開発」に貢献する取り組みを紹介したい。

　国家プロジェクトとして農業のデータプラットフォーム「農業データ連携基盤（WAGRI）」が構築された。農業経営者に対し、栽培や経営に関連するデータを使いやすい形で提供し、農業の生産性向上に貢献するIT基盤だ。

　農業では気象情報が欠かせない。農地がある住所のピンポイント予報や長期予報も気になる。他にも土壌や地図、生育予測、農薬、市況など農業経営者が管理するデータは多い。

　ただ、情報の提供者がバラバラであるため、農業経営者は点在する情報を探したり、異なる形式で保存したデータを確認したりするだけで手間だ。データ活用が農業の生産性向上の武器となっていながら、データの収集・管理で不効率が生じる矛盾を抱えていた。

　そうした課題解決のためにWAGRIが生まれた。内閣府・戦略的イノベーション創造プログラム（SIP）「次世代農林水産業創造技術」として多くのITシステムメーカー、農機メーカーが参画して開発し、2019年4月から農業・食品産業技術総合研究機構（農研機構）が運営する。

　また基盤の利用を促進する狙いから、「農業データ連携基盤協議会」が設立され、2020年7月31日時点で425社・団体が参加する。農業を支

援するアプリケーション（アプリ）を提供する企業にとっても、基盤の利用によって開発費削減などの恩恵がある。

　他にも国家プロジェクトとして農水省の「人工知能未来農業創造プロジェクト」や「スマート農業実証プロジェクト」もある。前者は農業へのAI（人工知能）活用を推進しており、日本農薬とNTTデータCCSの共同研究によって「病害虫・雑草診断ソリューション」が実用化されている。

　後者のスマート農業実証プロジェクトは栽培管理アプリケーション、自動運転トラクター、ロボット、AIなど開発された技術を使う実証を全国各地で展開する。開発されたものの、使われないと普及は進まず、農業の生産性向上は実現しない。そこで「新技術を体験する場」を農水省が提供するのがスマート農業実証プロジェクトだ。全国100カ所で実証が展開されており、農業経営者は最新技術を試すチャンス、企業は開発した製品・サービスを使ってもらえる機会ができている。製品・サービスが磨かれ、実用化され、農業の生産性向上が実現する。

| アウトプット | 国家プロジェクトで農業参入を支援 |

　国が率先して「農業研究・普及サービス、技術開発」を支援している。国の強力な支援によって農業はIT化・機械化が進められており、異業種の企業にも参入するチャンスが生まれている。技術・製品・サービスの開発による参入もあるが、企業が農業を始めることも可能だろう。どちらにしてもITやロボットなど、企業が業務で使いこなしてきた技術が日本の農業にも役立つはずだ。

　「スマート農業実証プロジェクト」などで国も支援しており、企業は参入しやすい環境が整っている。今、農業ビジネスを検討する絶好のタイミングだ。

スマート農業実証プロジェクトの採択

作目		北海道		東北		関東		北陸		東海		近畿		中国・四国		九州・沖縄		採択件数(件)
		令和元年度	令和2年度	令和元年度	令和2年度	令和元年度	令和2年度	令和元年度	令和2年度	令和元年度	令和2年度	令和元年度	令和2年度	令和元年度	令和2年度	令和元年度	令和2年度	
水田作	大規模	2	-	3	-	2	-	5	1	-	2	1	1	-	-	1	-	
	中山間	-	-	1	2	1	1	2	-	-	-	2	-	5	1	1	3	41
	輸出	-	-	1	-	1	-	1	-	1	-	-	-	-	-	-	-	
畑作		2	1	-	1	-	1	-	2	-	-	-	-	1	-	3	2	13
露地野菜		-	2	3	-	2	2	-	3	-	-	-	-	2	3	3	2	22
花き		-	-	1	1	-	-	-	-	-	1	-	-	-	-	-	-	3
施設園芸		-	-	-	-	2	2	-	1	1	1	-	-	2	2	1	2	14
果樹		-	-	1	1	2	1	-	-	1	-	2	2	-	-	5	2	17
茶		-	-	-	-	1	-	-	-	-	-	-	1	-	-	1	-	3
畜産		1	1	-	-	1	1	-	1	-	-	-	-	-	-	1	2	8
5G		-	1	-	-	-	1	-	-	-	-	-	-	-	-	-	1	3
合計 (件)		5	5	10	5	12	9	8	8	3	4	5	4	10	6	16	14	124

〈令和元年度〉
※中山間・離島などの条件不利地においても幅広く採択
・中山間30件（水稲17件、果樹6件、露地野菜3件、畑作2件、茶2件）
・離島3件（広島県大崎上島（瀬戸内レモン）、鹿児島県徳之島（サトウキビ）、沖縄県南大東島（サトウキビ））

〈令和2年度〉
※中山間・離島などの条件不利地や被災地、シェアリング等の新サービスについて幅広く採択
・棚田・中山間31地区（うち棚田5地区）・被災地9地区 ・シェアリング等の新サービス：7地区

注：令和元年度の作目に5Gは含まれていない

(農林水産省「スマート農業実証プロジェクトパンフレット」から作成)

ターゲット　2.b

ドーハ開発ラウンドのマンデートに従い、全ての農産物輸出補助金及び同等の効果を持つ全ての輸出措置の同時撤廃などを通じて、世界の市場における貿易制限や歪みを是正及び防止する

....

ターゲット　2.c

食料価格の極端な変動に歯止めをかけるため、食料市場及びデリバティブ市場の適正な機能を確保するための措置を講じ、食料備蓄などの市場情報への適時のアクセスを容易にする

料理評論家（服部栄養専門学校校長）

服部幸應氏に聞く
「食育×SDGs」

社会課題を放置。足りない危機意識

　料理評論家の服部幸應氏（服部栄養専門学校校長）は、ライフワークである「食育」の普及と一体となったSDGsを推進する。食育とは健全な食生活を送り、食べ物の大切さを学び、食事マナーから社会性を身につける教育だ。食育とSDGsを掛け合わせるとどんな"料理"になるのか。自身の行動への反省も込めて活動する服部先生に聞いた。（松木喬）

―SDGsのような地球規模課題を意識する理由は。

　「私が小学生のころ、都内にも沼があって友人と水遊びをした。9歳のある日、水面に虹色の輪ができて生き物が浮いていた。大人が捨てたガソリンか重油のせいだった。こんなことが許されるなら『地球がどうにかなる』と怒りを感じた」

―環境破壊の目撃が原点ですね。

　「あの時、環境問題のために何かしたいと考えた。今も持続可能性は大事とわかってはいても、便利さを犠牲にしてまで行動を起こせていない。私はみんなに食育に取り組んでほしいと訴えている。それなのに私自身が、あの沼で感じた思いを実践できずにいる」

―食育とSDGsの関係は。

　「首相だった小泉純一郎さんのアイデアで農林水産、厚生労働、文部科学の3省の担当と食育について話し合った。生物多様性、持続可能性、環境保全性の方向性が出て、2005年の食育基本法施行につながった。3つ

の方向性はSDGsと重なり、食育の推進が17
ゴールと結びつく」

—なぜ食育が大切なのでしょうか。
「核家族化でおばあちゃんからしつけられる子
どもが減った。食事中に家族がそろわないので、
家庭内の会話も減った。家庭教育が崩れ、子ど
もが道徳を身につける機会も失われた。食育で
道徳教育を補いたい。だが、食育に賛成する方は多くても、すぐに行動す
るわけではない」
「例えば食料自給率が減り続けていると認識しながら、見過ごしてき
た。他にもガタガタと社会の足元が崩れているのに、我々には危機意識が
足りない。SDGsを理解していても、具体的に動く人は少ない。一緒に取
り組む人たちを増やさないといけない。国も意識を高めてほしい」

—服部先生のSDGsの取り組みは。
「私は今、農水省の食育推進会議の委員と専門委員会の座長をしてい
る。2021年度からの第4次食育推進基本計画ではSDGsを組み入れていき
たい。SDGsの考え方に加え、図柄も参考にしていきたい。SDGsはすばら
しい。絵文字を使って何をすべきか表現しており、覚えやすい」

（日刊工業新聞2019年11月22日付5面記事転載）

Part 3

すべての人に健康と福祉を

あらゆる年齢のすべての人々の健康的な
生活を確保し、福祉を促進する

まずは従業員の健康から。新型コロナの大流行をきっかけに、従業
員に元気で働き続けてほしいと実感した経営者も多い。心身に大き
なストレスのかかる勤務の見直しや交通事故防止の啓発もゴール3
の取り組みとなる。

2030年までに、世界の妊産婦の死亡率を出生10万人当たり70人未満に削減する

全ての国が新生児死亡率を少なくとも出生1,000件中12件以下まで減らし、5歳以下死亡率を少なくとも出生1,000件中25件以下まで減らすことを目指し、2030年までに、新生児及び5歳未満児の予防可能な死亡を根絶する

新しい活動

2030年までに、エイズ、結核、マラリア及び顧みられない熱帯病といった伝染病を根絶するとともに肝炎、水系感染症及びその他の感染症に対処する

インプット　従業員と"経営"の感染症対策を考えよう

SDGs ケーススタディ 新型コロナをきっかけに仕事と丁寧に向き合う

　2020年、新型コロナウイルスが大流行し、世界各地で社会活動が急停止した。日本政府は4月、「緊急事態宣言」を全国に発令し、商業施設の休業が相次いだ。人と人の接触を減らすため企業にも出勤回避が要請され、在宅勤務が取り組まれた。

　閑散としたビジネス街、混雑がなくなった電車、人が少ないオフィスは見ただけで「非常事態」と認識できた。視覚からの情報はインパクトが強く、行動を自粛しようという意識が高まった。

　ターゲット3.3はエイズや結核、マラリア、熱帯病などに続き、伝染病や感染症への対処を求めている。今回、経験した新型コロナ感染対策がターゲットへの取り組みとなる。

　新型コロナ感染拡大からどうやって従業員を守るのか、悩んだ経営者も多いと思う。従業員の感染防止策（命を守る）、雇用の維持（雇用を守る）、そして経営の継続（会社を守る）と、大きな課題に直面した。

　感染防止策として時差出勤、テレワークによる在宅勤務、テレビ会議が実践された。企業ではないが、環境省は東京・霞ケ関の本省に勤務する職員1300人のうち8割の出勤を抑制した。

　出勤100％抑制（出勤ゼロ）で業務をこなした企業もある。また、東芝やキヤノンは4月に緊急事態宣言が発令されると臨時休業に入り、感染リスクを最大限減らした。どうしても出勤が必要な場合でも2チームに分けて交互の出社にし、感染者が出ても事業を継続できるように工夫した企業もあった。

　さまざまな新型コロナ対策が講じられた一方で、課題も明らかになった。「テレビ会議が利用できない」「セキュリティーが十分なインターネットシステムがない」などICT環境の問題、「在宅だと業務時間のメリハリがない」「オンラインだと意思疎通が滞り、効率が悪い」など、生産性の問題も浮かび上がった。この機会に課題を検証し、改善しておく必要があるだろう。災害時の備えや働き方改革にも役立つはずだ。

　雇用の維持が切実な課題となった企業もある。売上高や受注が激減した状況で従業員の雇用をどう守るのか、すぐに答えは出せない。豊富な資金の貯えがあれば良いが、余力がある企業ばかりではない。

　内部留保の必要性を感じた経営者もいるのではないだろうか。節税のために資金を使うという選択肢もあると思うが、余計な出費を削って内部留保を高めておくと、危機の時に少しは余裕が持てる。内部留保に限らず、日常からやれることをやる努力の積み重ねが、いざという時の備えになる。

　非常事態宣言の発令中、新しいビジネスを始めた企業を取材した。横浜市の印刷会社は、宅配やテイクアウトを始めた飲食店のチラシ製作に乗り出した。習志野市の工務店は、歯科医院の受付に飛沫感染防止用の透明な

板の設置を提案していた。

　印刷会社、工務店とも通常の仕事に比べると単価は安いが、従業員に仕事が発生する。それに、どちらの社長も「困っている人に喜んでもらえるのがうれしい」と語っていた。コロナ収束後でも感謝の気持ちが忘れられることはなく、印刷会社は飲食店からチラシの発注、工務店は歯科からリフォームの依頼が来るかもしれない。

　受注が激減して苦しい時でも、新しいビジネスを考えると従業員のモチベーションも高まると思う。本業を通して困った人に貢献できると、平常時に戻った時の経営にも貢献する。

アウトプット　小さくても感謝してもらえる仕事を考える

　経営者の努力では、回避できない危機が発生する。21世紀に入ってからも2001年の米国同時多発テロ、2002-2003年のSARS（重症急性呼吸器症候群）、2008年のリーマン・ショックに端を発した経済危機、2011年の東日本大震災、そしてコロナショックと、経済活動が停止に追い込まれる事態が多発している。

　今回のコロナショックの場合、どこかの地域や業種に限らず、日本全国で対策が迫られた。また、あまり意識してこなかった「従業員の感染症対策」という課題にも直面した。「教訓に！」と言えば偉そうだが、感染症も経営の非常事態になると認識し、備えを検討しておこう。

ターゲット　3.3　　新しいビジネス

2030年までに、エイズ、結核、マラリア及び顧みられない熱帯病といった伝染病を根絶するとともに肝炎、水系感染症及びその他の感染症に対処する

インプット　海外の熱帯病・伝染病の根絶に貢献

SDGs　ケーススタディ　マラリア感染者の経済負担を軽減する商品づくり

　前項とは違った視点のターゲット3.3のケーススタディを紹介する。海外の「熱帯病といった伝染病の根絶」（ターゲット3.3）に貢献する企業もある。SOMPOホールディングスは、アジアのマラリア撲滅を目指す民間連携組織「M2030」に金融会社として初めて参加した。マラリアに特化した保険商品を2020年中に発売し、これまで医師の診察を受けられなかった低所得者の治療を支援する。

　M2030はマラリア撲滅の活動資金を民間から調達する組織。インドネシア有力財閥の基金や電通が参加する。日本を含むアジア・太平洋諸国の首脳による2014年のマラリア排除宣言を受けて発足したグループが2018年に立ち上げた。

　マラリアは、マラリア原虫を持つ蚊（ハマダラカ属）に刺されると感染する病気。世界では1年間で2億人が感染し、43万人が死亡している。マラリアによるアジアの死亡者数は減少傾向にあるが、薬が効かないマラリアが広がっており、国際社会も脅威として認識している。日本では根絶したが、気候変動による温暖化の影響で感染範囲が拡大する恐れがある。

　マラリアに特化した保険商品は、SOMPOインドネシアが発売する。契約者のマラリア感染の治療費を補償し、低所得者層の経済負担を減らす。他者の治療を支援できるギフト型保険も用意する計画だ。ギフト型だと高所得者が契約し、低所得の感染者の治療費を補償できる。

　保険商品はM2030が対象国で宣伝してくれる。SOMPOインドネシア

が単独で営業するよりも効果的だ。マラリア根絶という共通の目標を持った企業・団体の集まりなので、他社の商品でも紹介してくれる。課題解決を合言葉にしたパートナーシップならではの協力関係であり、うまくいけばビジネスにも早期の効果を期待できる。また、保険の売り上げの一部をM2030に寄付し、地域のマラリア撲滅活動に役立てられる（日刊工業新聞2020年1月14日付）。

アウトプット　共通目標を持った異業種連携組織に、ビジネスチャンスあり

　製薬会社は治療薬やワクチンの開発でマラリアの根絶に取り組んでいる。SOMPOホールディングスのように製薬以外の企業でも本業を通して貢献できる方法がある。それも1社ではなく、数社と連携することで商品の訴求や流通がうまくいく。

　SDGsは世界共通言語と言われる。SDGs達成を合言葉に国境を越えた連携が生まれれば、ビジネスの国際展開にもつながりそうだ。

2018年のマラリア感染状況について

□**マラリア患者数**
　・2億2800万人

□**死亡者数**
　・40万5000人
　　このうち、5歳未満は27万2000人（全体の67%）

□**マラリア患者のいた地域**
　・WHOアフリカ事務局管轄地域において、患者数93%、死亡者数94%を占める

（世界保健機関の資料から作成）

ターゲット　3.4　　新しい活動

2030年までに、非感染性疾患による若年死亡率を、予防や治療を通じて3分の1減少させ、精神保健及び福祉を促進する

インプット　健康経営に取り組もう

SDGs　ケーススタディ　健康経営が従業員にも、会社にも利益をもたらす

　クボタの健康保険組合は、被保険者（従業員）にウエアラブル端末を無償貸与している。腕時計のように装着しておくと端末が歩数、運動、睡眠、心拍数などを計測してくれる。そのデータはスマートフォンに記録される。従業員は消費カロリーや睡眠時間などを確認でき、「今日は歩こう」「早く就寝しよう」などと健康に配慮した行動を心がけるようになる。

　インターネットで検索してみると、クボタ以外でもウエアラブル端末を提供している保険組合がある。従業員の管理が目的ではなく、1人1人に健康への意識を高めてもらうことが目標となっている。

　ターゲット3.4に出てくる「非感染性疾患」とは、循環器疾患やがん、糖尿病、慢性呼吸器疾患など。どれも不健康な食事や運動不足、喫煙、過度の飲酒が原因であり、生活習慣の改善で予防ができる。

　企業も従業員に運動を呼びかけたり、塩分を控えるように啓発したりし、生活習慣の改善を促すことがターゲット3.4に該当する。ウエアラブル端末の提供も健康増進による非感染性疾患の予防に役立ちそうだ。

　最近、聞かれるようになった言葉の「健康経営」もターゲット3.4の取り組みだ。経済産業省によると健康経営とは「従業員などの健康管理を経営的な視点で考え、戦略的に実践すること」となっている。また効果として「従業員などへの健康投資を行うことは、従業員の活力向上や生産性の向上などの組織の活性化をもたらし、結果的に業績向上や株価向上につながる」と説明されている。「健康投資」も耳慣れない言葉なので身構えて

「健康経営銘柄 2020」選定企業

業種	企業名	選定回数
水産・農林業	日本水産株式会社	2回目
鉱業	国際石油開発帝石株式会社	初選定
建設業	日本国土開発株式会社	初選定
食料品	アサヒグループホールディングス株式会社	3回目
	味の素株式会社	4回目
	株式会社ニチレイ	初選定
繊維製品	株式会社ワコールホールディングス	5回目
パルプ・紙	ニッポン高度紙工業株式会社	初選定
化学	花王株式会社	6回目
	第一工業製薬株式会社	初選定
医薬品	小野薬品工業株式会社	初選定
石油・石炭製品	JXTG ホールディングス株式会社	2回目
ゴム製品	住友ゴム工業株式会社	初選定
ガラス・土石製品	TOTO 株式会社	6回目
鉄鋼	愛知製鋼株式会社	初選定
非鉄金属	住友電気工業株式会社	初選定
金属製品	リンナイ株式会社	4回目
機械	株式会社ディスコ	2回目
電気機器	コニカミノルタ株式会社	5回目
	ブラザー工業株式会社	3回目
	オムロン株式会社	2回目
	株式会社堀場製作所	2回目
	キヤノン株式会社	2回目
輸送用機器	株式会社デンソー	4回目
精密機器	テルモ株式会社	6回目
その他製品	株式会社アシックス	3回目
電気・ガス業	東京瓦斯株式会社	2回目
陸運業	東急株式会社	6回目
情報・通信業	Z ホールディングス株式会社	2回目
	株式会社 KSK	2回目
	SCSK 株式会社	6回目
卸売業	株式会社 TOKAI ホールディングス	初選定
小売業	株式会社丸井グループ	3回目
銀行業	株式会社みずほフィナンシャルグループ	3回目
証券、商品先物取引業	株式会社大和証券グループ本社	6回目
保険業	SOMPO ホールディングス株式会社	2回目
	東京海上ホールディングス株式会社	5回目
その他金融業	リコーリース株式会社	4回目
不動産業	東急不動産ホールディングス株式会社	初選定
サービス業	株式会社ディー・エヌ・エー	2回目

30業種40銘柄、業種順　　　　　　　　　　　　　（経済産業省、東京証券取引所の資料から作成）

72

しまうかもしれないが、それほどハードルは高くないと思う。

　経産省は東京商工会議所とともに、中小企業の健康経営の実践例と効果をまとめた「健康経営ハンドブック」を発刊している。残業を減らして睡眠の質を改善できた印刷会社、血圧測定で数値が高いとトラックに乗車させない運送会社、移動の動線にぶらさがり棒を設置した食品工場などが登場する。どれも特別なことではない。会社が従業員の健康に一歩、踏み込んだ事例だ。健康診断の実施で十分なのか、少し積極的に従業員の健康に関与するかの違いだと思う。「健康経営ハンドブック」はインターネットでダウンロードできるので読んでほしい。

　アウトプット　ウエアラブル端末、残業短縮、血圧測定で従業員に健康増進

　経産省は健康経営の効果として業績向上や株価向上を紹介しているが、従業員の満足度向上が大きいはずだ。従業員は病気にならなければ働き続けられる。医療費や保険料での出費も抑えられ、経済的だ。「健康経営ハンドブック」の事例のように残業時間の短縮によって、精神的にも余裕が生まれる。

　「会社が健康にも気を配ってくれる」と従業員が思ってくれると、会社への愛着もわく。従業員のやる気も向上するだろうし、離職率も減ると思う。

　ターゲット　3.5

薬物乱用やアルコールの有害な摂取を含む、物質乱用の防止・治療を強化する

2020年までに、世界の道路交通事故による死傷者を半減させる

インプット　交通事故防止策を再検討しよう

SDGs ケーススタディ　事故発生の要因を社内共有

　SDGsを知ったばかりのころ、交通事故防止も目標に入っていることに驚いた。調べてみると、日本では今と比べられないほど交通事故が深刻な時期があった。

　以下、内閣府「令和元年版交通安全白書」からの引用。

「交通事故の長期的推移をみると，戦後，昭和40年代半ばごろまでは，交通事故死者数が著しく増加し，26年から45年の20年間に，負傷者数は約31倍（3万1,274人から98万1,096人）に，死者数は約4倍（4,429人から1万6,765人）となった。この死者数は，日清戦争2年間の死者数1万7,282人にも迫るものであり，一種の「戦争状態」であるとして，「交通戦争」と呼ばれるようになった。」

　経済発展によって自動車が普及した途上国では、交通事故が急増しており、世界目標としてSDGsのターゲットに入ったのだろう。交通事故をなくそうと自動運転の開発が熾烈（しれつ）になっている。それだけ、世界が交通戦争の状態にあるからだろう。

　日本でもピークから死者が減ったからといって、交通事故対策を怠っていいという訳ではない。死亡事故は発生しているし、高齢者のアクセルの踏み間違いによる事故、危険なあおり運転のニュースが後を絶たない。

　営業や輸送で車を利用する企業は、常に交通安全の徹底、マナー順守を従業員に呼びかけているはずだ。ここでは取り組みのレベルを上げるため

に参考となりそうな事例を紹介したい。

　田中貴金属工業を中核企業とするTANAKAホールディングスは、従業員がプライベートで自動車を運転中に見舞われた事故の情報を社内で共有している。業務中の事故情報について従業員から聞き取る企業は多いと思われるが、業務以外の事故まで把握する企業は少ないのではだろうか。

　プライベートとはいえ、従業員が事故に遭って負傷すると業務に支障が出るので企業にとっては戦力ダウンになる。TANAKAホールディングスは地域における危険な場所などの情報を共有し、従業員の事故防止に努めている。

　業務中の従業員に安全運転を心がけてもらおうと、営業車にデジタルタコグラフ（デジタコ）を取り付ける企業も多い。デジタコは速度超過や急発進、急停車の回数、アイドリング時間などが記録される。デジタコによっては営業車の速度超過などの危険運転を検知すると、すぐに企業の管理者にメールを届ける機能もある。

　デジタコによって事故が減れば、企業が加入する自動車保険料の支払額も減る。エコドライブも推進されるため、燃費は良くなり、ガソリンの使用も抑えられる。さらに丁寧な運転を心がけるようになるので、乱暴な運転が目撃されて地域で評判を落とすようなことも防げる。

　安全運転の徹底は事故防止、保険金やガソリン代の節約、燃費改善による温暖化対策、運転マナーの向上など、多くの効果が期待できる。SDGsの取り組み全般に言えると思うが、1つのメリットだけを考えず、複数の効果を狙うことにより社内で推進しやすくなる。

　最後に、スタートアップ企業のWacWac（ワクワク、東京都練馬区）を紹介したい。同社は仮想現実（VR）を使った安全教育をトラック事業者に提供している。

　ドライバーが装着したヘッドマウントディスプレーに動画教材を配信する。その動画は死角で起きる事故、荷物のバランスが崩れることでの横転など、トラック特有の事故や失敗シーンをVRの特徴を生かして編集し

た。ドライバーは運転席にいる感覚で「ヒヤリハット」を疑似体験ができるので、運転前に事故防止の意識が高まる。

　動画は1項目1分30秒程で、全部で12項目ある。運転手は出発までの時間に受講できる。安全教育に十分な経営資源を充てられない中小規模のトラック事業者でも、手軽に、効果的に教育を提供できる（日刊工業新聞2020年3月17日付）。

　アウトプット　**交通安全は戦力ダウン防止、節約の効果も**

　繰り返しになるが、従業員の交通事故（業務中・プライベートも）をなくすことは、負傷による戦力ダウンを防げる。そして交通安全・交通マナーの順守は、保険金やガソリン代の節約、燃費改善による温暖化対策、地域での評価にもつながる。

　交通事故防止は当たり前すぎることだが、身近な問題だ。SDGsの取り組みを始めたきっかけとして、事故防止の取り組みが十分だったか、もっとやれることがないのか、検討してみてはどうだろう。

交通事故死者数、交通事故発生件数、負傷者数の推移

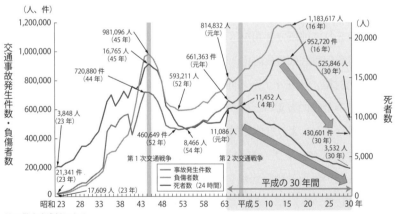

注：警察庁資料による
　　昭和34年までは、軽微な被害（8日未満の負傷、2万円以下の物的損害）事故は含まれていない
　　昭和41年以降の件数には、物損事故を含まない
　　昭和46年までは、沖縄県を含まない
　　死亡事故件数は、交通事故件数の内数である

（内閣府「令和元年版交通安全白書」から作成）

ターゲット　3.7

2030年までに、家族計画、情報・教育及び性と生殖に関する健康の国家戦略・計画への組み入れを含む、性と生殖に関する保健サービスを全ての人々が利用できるようにする

ターゲット　3.8

全ての人々に対する財政リスクからの保護、質の高い基礎的な保健サービスへのアクセス及び安全で効果的かつ質が高く安価な必須医薬品とワクチンへのアクセスを含む、ユニバーサル・ヘルス・カバレッジ（UHC）を達成する

ターゲット　3.9　　活動のレベルアップ

2030年までに、有害化学物質、並びに大気、水質及び土壌の汚染による死亡及び疾病の件数を大幅に減少させる

インプット　　工場の化学物質管理を地域に理解してもらおう

SDGs　ケーススタディ　もう一歩踏み込んで、地域も巻き込む

　有害化学物質による健康被害対策について、ターゲット12.4でリスクアセスメントを説明している。ここでは簡単に説明すると、すべての事業者は、作業で使う化学物質が従業員に健康被害を引き起こす危険性を評価する義務がある。この危険性を調べる作業が、リスクアセスメントだ。

　例えば、換気設備のない部屋で作業を続けると、体内に多くの化学物質を取り込んでしまう。扱っている物質の有害性が低くても、発がん性のリスクが高まるかもしれない。事業者はこうしたリスクを検討し、従業員に知らせる必要がある。

　ターゲット3.9では大気、水質、土壌の汚染防止を呼びかけているの

で、工場の外へ排出してしまう化学物質による被害防止を求めている。ほとんどの事業者は排出対策に取り組んでいるはずで、SDGsだからといっても特別な対応は必要ないと思われる。

　さらなる取り組みを検討している企業には、化学業界の地域対話集会が参考になる。工場周辺の住民と企業担当者が直接対話し、相互理解を深める活動だ。

　化学業界では、工場が集積するコンビナート15地区を2グループに分けて隔年で実施している。2019年度は新型コロナ感染対策で中止の地区もあったが、山口西、川崎、堺・泉北などで実施した。2020年度は四日市、山口東、岡山、千葉などでの開催を予定している。

　どの化学メーカーも工場敷地外に化学品を流出させない対策を十分に講じている。もし工場内で事故が発生しても素早く対処できる対策も整えているはずだ。

　ただ、企業にとっては「やっていて当然」なことでも、発信がないと住民は不安なままだ。そのギャップを埋める活動が地域対話集会となる。

　実際の対話集会では、地震や津波など自然災害で想定される影響とその対応、工場内での事故発生時の行政や住民への連絡手順について質問が出ることが多い。海洋プラスチック問題やサイバーテロに関心を持つ住民もいるという。

　企業から説明するだけの一方通行だと対話は成立しない。住民が何を不安と思っているのか理解し、説明によって安心してもらわないと開催した目的を達成できない。そこで日本化学工業協会は、企業側がわかりやすく説明するための「リスク・コミュニケーション研修」を毎年開いている。企業関係者が参加し、外部講師の講義や模擬対話によって対話技能向上に努めている。

| アウトプット | 化学業界、工場の安全対策について地域と対話 |

　化学メーカー以外の企業も、工場で化学品を扱っている。普段からの対

策を住民に知ってもらうことは、信頼関係の構築につながるはずだ。また、化学物質管理に限らず、他の安全対策も地域に知ってもらうことはプラスになるだろう。住民が抱く不安を理解し、心配を取り除く対応をとると、地域での評判も良くなる。対話集会という形式でなくても、地域に工場の安全対策を理解してもらえる機会を設けると良いと思う。

ターゲット　3.a

全ての国々において、たばこの規制に関する世界保健機関枠組条約の実施を適宜強化する

ターゲット　3.b

主に開発途上国に影響を及ぼす感染性及び非感染性疾患のワクチン及び医薬品の研究開発を支援する。また、知的所有権の貿易関連の側面に関する協定（TRIPS協定）及び公衆の健康に関するドーハ宣言に従い、安価な必須医薬品及びワクチンへのアクセスを提供する。同宣言は公衆衛生保護及び、特に全ての人々への医薬品のアクセス提供にかかわる「知的所有権の貿易関連の側面に関する協定（TRIPS協定）」の柔軟性に関する規定を最大限に行使する開発途上国の権利を確約したものである

ターゲット　3.c

開発途上国、特に後発開発途上国及び小島嶼開発途上国において保健財政及び保健人材の採用、能力開発・訓練及び定着を大幅に拡大させる

ターゲット　3.d

全ての国々、特に開発途上国の国家・世界規模な健康危険因子の早期警告、危険因子緩和及び危険因子管理のための能力を強化する

NELIS 代表理事

ピーター D・ピーダーセン氏に聞く
「コロナ後のSDGs」

日本、世界を見て進む道選べ。
グリーン戦略の好機

　新型コロナウイルスで傷ついた経済と社会の復興に向けた議論が国内外で始まっている。SDGs達成への貢献を宣言した企業にとっては、新しい経済・社会構築に参加できるチャンスだ。しかし、海外に比べると日本企業の参加意欲は弱く思える。社会変革を支えるリーダー育成に取り組むNELIS代表理事のピーターD・ピーダーセン氏は「日本企業は自らの意思で進むべき道を選ぶべきだ」と提言する。（松木喬）

―"コロナショック"がSDGsに与えた影響は。

　「コロナはSDGsに大きな影響を与えた。国連の報告では貧困に置かれた人は増加し、非正規労働者も増えた。弱い立場の人ほど影響を受けており、SDGsの後退は否めない」

―欧州では後退を取り戻すというよりも、持続可能な形に経済・社会を作り替える議論が起きています。

　「フランス政府はコロナで経済的影響を受けた企業への融資条件として環境対策を求めている。例えば航空業界は、環境負荷の低い機体への移行が支援条件だ。欧州は未来に投資しようと考える。ハンコやテレワークの議論をしている日本とは様子が違う」

　「ビジネスリーダーも声を上げている。パリ協定達成を目指す企業の国際活動『SBT』は、各国政府と連携したグリーンリカバリー（緑の回復、脱炭素社会への移行）を求める宣言を出し、世界的な企業170社以上の

経営トップが署名した」

—**日本の署名は5社にとどまっています。**
　「日本企業は安定を望む。元に戻すために努力
は必要としないが、変化を起こすには意図と努
力が求められる。コロナ後はグリーン戦略に進
むチャンスだが、日本の経済界はリーダーシッ
プを放棄しているように見える。日本企業は政
府の意向を気にせずに、世界を見て進むべき道を選んでほしい」

—**コロナ後のSDGsの取り組みは。**
　「バッジをつけて『SDGsをやっています』というだけなら意味がない。
コロナは一過性だが、食料、水、資源、気候変動・エネルギーの4つの問
題は人類史最大のピンチであり、最大のビジネスチャンスでもある。世界
的な人口増加もあり、解決への時間を無駄にできない」

—**日本企業にもビジネスチャンスです。**
　「サステナビリティー（持続可能性）に向けたイノベーションを起こせ
るか、どうか。それにはコロナ危機を契機と思えるか、どうかにかかって
いる。日本企業はそろそろ本領を発揮する時だ」

（インタビューはウェブで実施。写真は2019年7月18日撮影）
（日刊工業新聞2020年7月3日付6面記事転載）

Part 4

質の高い教育をみんなに

すべての人に包摂的かつ公正な質の高い教育を
確保し、生涯学習の機会を促進する

教育は、ほとんどの企業にとって遠いと感じる領域ではないだろう
か。しかし、従業員の語学力が外国人の子どもたちの学習の手助け
になる。工場見学がSDGsを担う人材育成にもなる。社内で活用でき
るリソースはないか、確認してみよう。

2030年までに、全ての子供が男女の区別なく、適切かつ効果的な学習成果をもたらす、無償かつ公正で質の高い初等教育及び中等教育を修了できるようにする

....

2030年までに、全ての子供が男女の区別なく、質の高い乳幼児の発達・ケア及び就学前教育にアクセスすることにより、初等教育を受ける準備が整うようにする

....

2030年までに、全ての人々が男女の区別なく、手の届く質の高い技術教育・職業教育及び大学を含む高等教育への平等なアクセスを得られるようにする

....

2030年までに、技術的・職業的スキルなど、雇用、働きがいのある人間らしい仕事及び起業に必要な技能を備えた若者と成人の割合を大幅に増加させる

ターゲット　4.5　　新しい活動

2030年までに、教育におけるジェンダー格差を無くし、障害者、先住民及び脆弱な立場にある子供など、脆弱層があらゆるレベルの教育や職業訓練に平等にアクセスできるようにする

インプット　　障がい者が経済的に自立できる仕事を考えよう

SDGs　ケーススタディ　障がい者アートを商品に

　障がい者の仕事を支援する取り組みを紹介したい。ターゲットにある「職業訓練」ではないが、本業によって障がい者の働く意欲向上に貢献していると思う。

　「障がい者アート」という言葉を聞いたことがあるだろうか。筆者（松木）は凸版印刷の取材で初めて知った。「障がい者が描いた絵」ということだが、見せていただくとどれも色鮮やかで、伸び伸びとしていた。「花びらで埋め尽くされた中に立つ仏様」「力強く羽を広げるクジャク」など構図にも迫力があり、じっくりと鑑賞したくなった。

　凸版印刷は障がい者の作品をギフトカード、カレンダー、紙製飲料缶の絵柄にする試みを始めた。商品のサイズに縮小しても作品の個性は薄れない。

　障がい者アートを採用したカレンダーやクリアファイルなどを他社に提案している。提案を採用した企業は社名を入れると、取引先に無料で配るノベルティにできる。

　商品1点を製造すると5円の作品使用料が障がい者に支払われる仕組みとなっている。凸版印刷から商品を購入した企業も、間接的に障がい者の自立支援に貢献できる。

　絵を描くことが好きな障がい者は多く、絵画教室を開いて支援する団体もあるが、発表の場は限られていた。商品化されて多くの人に鑑賞しても

らえる機会ができると、障がい者の創作意欲が高まる。そして使用料という形で経済的対価を受け取れると、障がい者の自立にもつながる。

商品へのプリントは、凸版印刷の得意技術だ。同社は本業を通して働く障がい者を支援する仕組みを作った。障がい者アート協会のホームページには企業と作品・アーティストをつなぐ方法が紹介されている（日刊工業新聞2019年5月17日付）。

経済的対価をもたらす障がい者支援の事例は他にも取材経験がある。社会福祉法人同愛会リプラス（横浜市保土ケ谷区）では、川崎市の卸売市場で使い終わった発泡スチロール製魚箱のリサイクル作業を障がい者が担う。障がい者は魚箱からシールなどの異物をのぞいて粉砕機に投入する。魚箱は粉々になり、高熱で溶けた後は冷やされて丸いペレットになる。ペレットはプラスチック原料となり、製品に生まれ変わる。

ペレットは市場価格で販売しており、「市場価格」がポイントと思う。企業は普段の調達活動としてペレットを購入して製品に採用できる。

「障がい者が作ったものだから」との理由で特別な価格だったらどうだろう。CSR活動の特別な予算で購入することになると思う。もしそうなら、景気悪化などで購入が打ち切りになる恐れがある。市場価格なら通常の調達活動なので、企業は商品を作り続ける限りペレットの購入は継続する。障がい者も持続的に経済的対価を得られる。

ペレットを購入した企業も、障がい者雇用に貢献しているとPRできる。それに国内で廃棄される魚箱などの発泡スチロールは、ほとんどが燃料として焼却されるか、中国に資源として輸出されていた。上記のように国内で商品に再利用できる発泡スチロールは少なく、ペレット購入企業は国内の資源循環にも貢献できる。

アウトプット　継続する収入の基盤づくり

障がい者雇用について、いろいろな形態があると思う。企業も、いろいろな支援ができる中で、「経済的に自立できる支援」も大切だ。障がい者

の得意なことを生かし、それを経済価値に変える力が企業にはある。

　今後、企業の人手不足に拍車がかかるだろうし、障がい者も頼もしい戦力になる。障がい者アートを採用した商品のように、新商品が生み出されるかもしれない。

ターゲット　4.6　新しい活動

2030年までに、全ての若者及び大多数（男女ともに）の成人が、読み書き能力及び基本的計算能力を身に付けられるようにする

インプット　企業人にできる教育支援がある

SDGs　ケーススタディ　社員が発案。商社のネットワークを活用し世界展開

　住友商事は2019年12月、社員参加型の社会貢献プロジェクト「100SEED（ワンハンドレッド・シード）」を始めたと発表した。活動の具体的な内容が、教育支援だ。全世界の住友商事グループ社員が、各地域で教育支援を一斉に展開する。

　日本では外国人の子どもに日本語を教えたり、学習を提供したりする非営利団体を支援する。国内では外国人労働者が増えており、日本語が苦手で学校の勉強についていけない子どもが増えているという。外国人の子どもの教育を支援する非営利団体も増え、外国語ができる日本人がボランティアとして活躍している。

　子どもが現地の言葉を理解できずに就学に苦労した住友商事の社員も多い。世界中で事業を展開し、海外駐在の経験者が多い総合商社だから、日本で暮らす外国人の悩みも手に取るようにわかる。

　また、外国語が堪能な社員が多いのも総合商社ならでは。非営利団体に社員がボランティアとして参加し、外国人の子どもの学習を支援もできる。社員の経験や知見を生かした住友商事らしい社会貢献活動だ。

東アジアでは大学生向けインターンシップ、アジア大洋州ではハンディキャップを抱える子どもたちに学びの機会を提供、欧州・アフリカ・中東・ロシアでは日本語教室の講師としての活動、米州では近隣の学校と提携した読書会などを予定している。いずれも総合商社のインフラや社員が持つノウハウを活用する。

　それではなぜ、全世界で教育支援に取り組むのか。それは、2019年12月に迎えた同社の創立100周年がきっかけだ。

　2017年から社員有志が"次の100年"を考える活動を展開してきた。住友のルーツをたどったり、将来の企業像を議論したりしてきた。その過程で、全世界の社員に取り組みたいSDGsの目標を選んでもらうとゴール4「質の高い教育をみんなに」が最多だった。

　SDGsで重視するゴールを選んでほしいと言うと、おそらく大半の企業人は、ゴール8「働きがいも経済成長も」、9「産業と技術の基盤をつくろう」、13「気候変動に具体的な対策を」を選択すると思う。実際に地球環境戦略研究機関（IGES）が2017年にグローバル・コンパクト・ネットワーク・ジャパン会員企業に「取り組んでいるゴール」を聞いた調査でもゴール13、8、12「つくる責任　つかう責任」の順に多かった。

　商社は人で成り立っている業態であり、「人材教育」を重視する傾向があるからゴール4が最多だったのかもしれない。

　住友商事は、ゴール4を選んで終わりではなく、国内で31回のワークショップを開き、社員が「住商ができる教育貢献」を話し合ってきた。そして100周年に合わせて活動開始を発表した。CSR部やサステナビリティ本部などの担当部者が「教育支援をやりましょう」と決め、活動内容を準備して始動するのではない。一般の社員が参加し、主体となって議論して取り組むべき活動を深めてきた。

　全世界で同じテーマで活動を展開すると、ゴール4に大きな貢献ができそうだ。拠点のネットワークを生かせるのも、総合商社ならでは（住友商事2019年12月20日リリース）。

社員の語学力を生かし、国内外で教育支援

　従業員による社会貢献ボランティアを支援する企業が多いと思う。その活動内容は、どうやって決めているのだろうか。CSR部で準備し、従業員から参加者を募るパターンがあると思う。また内容としても清掃、森林整備、出前授業などが多いだろう。

　住友商事は全世界の社員からの投票で、教育に的を絞ったボランティア活動を決めた。おそらく、珍しい事例だろう。語学を生かした支援なので、総合商社のスキルが生かされる。

　日本で働く外国人が増加傾向にあり、グローバル企業の社員なら、同様の支援ができそうだ（グローバル企業に限らず、外国語が堪能な社員がいる会社も）。会社で習得したスキルが生かせるなら、社員の意欲も違うと思う。その会社でないと難しい支援だと、より意欲的にボランティアに参加すると思う。

　語学に限らず、自社にも教育支援ができる知見を備えた社員はいないだろうか。ボランティア活動を検討する時、自社らしい何かができないか考えてみよう。

2030年までに、持続可能な開発のための教育及び持続可能なライフスタイル、人権、男女の平等、平和及び非暴力的文化の推進、グローバル・シチズンシップ、文化多様性と文化の持続可能な開発への貢献の理解の教育を通して、全ての学習者が、持続可能な開発を促進するために必要な知識及び技能を習得できるようにする

インプット　「ESD（持続可能な開発のための教育）」を推進しよう

SDGs ケーススタディ　すでに取り組んでいる地域教育を、ESD活動として登録

「持続可能な開発を促進するために必要な知識及び技能を習得」は、まさに「ESD」のことだ。日本で地域におけるESDの活動拠点となる企業が増えている。

ESDは「Education for Sustainable Development」の略称。日本語では「持続可能な開発のための教育」となる。念のため補足すると、「E」はenvironment（環境）ではない。

どのような教育がESDかというと、「持続可能な社会づくりの担い手を育む教育」（文部科学省）。社会的な課題に気づき、解決策を考えて行動できる人材教育であり、"SDGsを担う人材教育" と言い換えても良いだろう。

決まったテーマや教科書はなく、何を学ぶかは自由。地球規模の問題を扱わなくても、身近なテーマから取り組んでもいい。地域によって高齢化、教育、防災など課題はさまざまだ。解決策も学校や職場といった所属、性別や年齢を問わず考える。Eは環境ではないと書いたが、気候変動や地域のごみ問題、生態系をテーマに学んでも良い。企業が学校に出かけ

て環境学習を提供する出前授業もESDに含まれるが、出前授業だけがESDではない。

2013年11月の第37回ユネスコ総会において、「ESDに関するグローバル・アクション・プログラム（GAP）」が採択され、2014年の国連総会で承認された。GAPは各国政府の取り組みの指針だ。

日本はGAPを受け2016年、関係省庁連絡会議でESDの国内実施計画を決定し、文部科学省と環境省によって全国的なESD支援体制づくりが始まった。まず初めに「ESD活動支援センター」を同年4月に東京都渋谷区にオープン。順次、北海道、東北、関東、中部、近畿、中国、四国、九州の全国8地区に地方センターを開所した。

2017年11月からは「地域ESD活動推進拠点」の登録がスタートした。ESD活動を実践しており、今後の推進でも協力する組織が登録できる。2018年2月は25団体の登録だったが、2019年2月には72団体、2020年2月には116団体へと増加した。学校など教育機関、NGO・NPOに加え、企業の登録が増えている。

企業で地域ESD活動推進拠点となったサンデンフォレストは、自動販売機などを生産するサンデンホールディングスの事業所（群馬県前橋市）だ。工場見学や自販機ミュージアムの見学、隣接する森林での環境学習ができる。キヤノンエコテクノパーク（茨城県坂東市）はキヤノングループの環境活動発信拠点。複合機やトナー・インク容器をリサイクルする最新鋭工場があり、小学生に環境授業を開催している。

中小企業の登録もある。特に四国は多く、環境に配慮したタオル生産で知られるIKEUCHI ORGANIC（愛媛県今治市）、調剤薬局の平野（同）、菓子製造のハレルヤ（徳島県松茂町）、土佐山田ショッピングセンター（高知県香美市）が地域ESD活動推進拠点となっている。

多くの企業が工場見学などで地域に学習の機会を提供しており、地域のESD拠点を担える。企業にとっては自分たちの活動を地域に知ってもらうチャンスだ。また、地域への学習機会の提供は、SDGsへの取り組みとし

ても発信しやすい。

アウトプット 地域の ESD 拠点となり、SDGs に貢献

　「小学校の工場見学を受け入れています」「小学生に環境問題を教えています」という企業が多いと思う。せっかくなので「ESD活動支援センター」に申請し、「地域 ESD 活動推進拠点」に登録したら良いと思う。国は拠点整備を進めており、企業は登録によって国と歩調を合わせた活動として地域に PRできる。

　学習指導要領が見直され、2020年度から教育現場にはESDを一層、推進するように求められた。また、授業でSDGsを教える学校も増えている。ただし、教員の間にはSDGsをどう教えて良いのか、戸惑いもある。地域ESD活動推進拠点となった企業は、学校にとって身近なSDGsの教材になるだろう。

　企業も自社がESDの拠点であれば、ターゲット4.7に貢献していると訴えやすい。従業員も「SDGsを取り組む企業」としてモチベーションが高まるのではないだろうか。

地域 ESD 拠点のイメージ

（ESD 活動支援センター、地方ESD 活動支援センターの資料から作成）

ターゲット　4.a

子供、障害及びジェンダーに配慮した教育施設を構築・改良し、全ての人々に安全で非暴力的、包摂的、効果的な学習環境を提供できるようにする

ターゲット　4.b

2020年までに、開発途上国、特に後発開発途上国及び小島嶼開発途上国、並びにアフリカ諸国を対象とした、職業訓練、情報通信技術（ICT）、技術・工学・科学プログラムなど、先進国及びその他の開発途上国における高等教育の奨学金の件数を全世界で大幅に増加させる

ターゲット　4.c

2030年までに、開発途上国、特に後発開発途上国及び小島嶼開発途上国における教員研修のための国際協力などを通じて、質の高い教員の数を大幅に増加させる

Part 5

ジェンダー平等を実現しよう

ジェンダー平等を達成し、すべての女性及び女児のエンパワーメントを行う

日本企業において最も取り組みが遅れている目標だろう。だが、すでに女性活躍で高い目標を掲げて努力している企業や女性活躍を後押しするサポーターとなるNGOも登場している。先進事例を参考に、前へ踏み出そう。

あらゆる場所における全ての女性及び女児に対するあらゆる形態の差別を撤廃する

インプット 女性活躍の目標を定めて公表しよう

SDGs ケーススタディ 厚労省が認定マーク「えるぼし」でお墨つき

　女性活躍は安倍政権の肝いり政策の1つ。2016年4月に全面施行された女性活躍推進法は、301人以上の労働者を常時雇用する事業主（主に大企業）に対し、自社の女性活躍の状況把握や数値目標を盛り込んだ行動計画の策定・公表などを義務付けている。同法は2019年5月に改正され、常時雇用する労働者が「301人以上」から「101人以上」に引き下げられた（2022年4月施行）。

　厚生労働省は企業の取り組みを促すため、優良企業の認定制度を創設している。認められた企業は、認定マーク「えるぼし」を商品などに付け、アピールできる。認定制度は3段階に分けられ、①採用②継続就業③労働時間などの働き方④管理職比率⑤多様なキャリアコースの5項目のうち、1つか2つの基準を満たすなどすれば星1つ、3つか4つの場合は星2つ、5つ全項目の場合は星3つの認定マークが得られる。2020年3月末時点で、星1つが6社、星2つが365社、星3つが685社の計1056社が認定を受けている。

　星三つの認定を受けた企業事例には、宿泊施設「プラザイン水沢」を手がける常時雇用者数123人のプラザ企画（岩手県奥州市）がある。同社は女性活躍に取り組む以前、時間外労働が多く、出産・結婚を機に退職する女性社員の多いことが課題だった。そこで、雇用タイプを限定正社員や短時間正社員など7種類用意し、社員のニーズやライフステージに応じて選択できる「社員タイプ選択制」を導入した。柔軟な働き方が実現し、過去10年間、結婚・出産を機に退職する社員はゼロになったという（厚労

省「えるぼし」認定企業取組事例より）。

　厚労省は認定企業がある程度増えてきたことから、2020年6月には、女性の管理職比率などの目標を「策定」しているだけでなく、「達成」している企業をさらに評価する認定マーク「プラチナえるぼし」を創設した。

　また同省は「女性の活躍推進企業データベース」を設け、企業を検索すれば、その企業の女性活躍の取り組み状況などを検索できる仕組みも構築している。同データベースに行動計画を公表している企業数は1万5792社となっている（2020年8月6日現在）。

えるぼし認定、プラチナえるぼし認定の概要

プラチナ えるぼし	●策定した一般事業主行動計画に基づく取り組みを実施し、当該行動計画に定めた目標を達成したこと ●男女雇用機会均等推進者、職業家庭両立推進者を選任していること（※） ●プラチナえるぼしの管理職比率、労働時間等の5つの基準のすべてを満たしていること（※） ●女性活躍推進法に基づく情報公表項目（社内制度の概要を除く）のうち、8項目以上を「女性の活躍推進企業データベース」で公表していること（※） ※実績を「女性の活躍推進企業データベース」に毎年公表することが必要
えるぼし（3段階目）	●えるぼしの管理職比率、労働時間等の5つの基準のすべてを満たし、その実績を「女性の活躍推進企業データベース」に毎年公表していること
えるぼし（2段階目）	●えるぼしの管理職比率、労働時間等の5つの基準のうち3つ又は4つの基準を満たし、その実績を「女性の活躍推進企業データベース」に毎年公表していること ●満たさない基準については、事業主行動計画策定指針に定められた取り組みの中から当該基準に関連するものを実施し、その取り組みの実施状況について「女性の活躍推進企業データベース」に公表するとともに、2年以上連続してその実績が改善していること
えるぼし（1段階目）	●えるぼしの管理職比率、労働時間等の5つの基準のうち1つ又は2つの基準を満たし、その実績を「女性の活躍推進企業データベース」に毎年公表していること ●満たさない基準については、事業主行動計画策定指針に定められた取り組みの中から当該基準に関連するものを実施し、その取り組みの実施状況について「女性の活躍推進企業データベース」に公表するとともに、2年以上連続してその実績が改善していること

（厚生労働省の資料から作成）

女性採用比率などの女性活躍の取り組み状況を公表する

　自例で挙げたプラザ企画は、えるぼし認定を受けたことで女性活躍の企業方針が話題となり、岩手県の広報誌で取り上げられたほか、県議会の視察や大学教授のヒアリングなども受けるようになったという。「えるぼし」という国のお墨付きを得たことで、世間の評価が高まった好事例だ。一方で、取り組みが進んでいないとマイナスの評価も受ける。厚労省は「女性の活躍推進企業データベース」で、学生向けに企業の女性活躍の取り組み状況を比較して就職活動に生かすよう呼びかけている。同データベースでは、企業名を検索すると、女性労働者の割合などが一発でわかる。他社と比べて取り組み状況が不十分だと、学生から敬遠されるというリスクもある。

ターゲット　　5.2　　ジェンダー

人身売買や性的、その他の種類の搾取など、全ての女性及び女児に対する、公共・私的空間におけるあらゆる形態の暴力を排除する

インプット　　ハラスメント対策を取る

SDGs ケーススタディ　NPO に外部委託することも対策の１つ

　男女雇用機会均等法（均等法）により、企業にはセクシュアルハラスメント（通称セクハラ）の防止措置が義務付けられている。2017年からは妊娠・出産・育児休業などに関するハラスメント「マタニティー・ハラスメント（通称マタハラ）」も防止措置が義務付けられた。しかし、企業の対策は十分とは言えない状況だ。

　2019年度に都道府県労働局雇用環境・均等部（室）に寄せられた相談件数は、セクハラが7323件、婚姻や妊娠・出産などを理由とする不利益

取り扱いが4769件、妊娠・出産などに関するハラスメントが2131件
と、いまだに多い。都道府県労働局は単に社内のイントラネットにハラス
メント防止の貼り紙を載せて済ませるのではなく、掲示したことをメール
などで配信して従業員への周知を徹底するよう呼びかけている。また厚労
省の社内研修教材「職場におけるハラスメント対策マニュアル」を利用す
るなどして、社内研修も行うよう促している（厚労省HPからダウンロー
ド可能）。

　最近では社内に相談窓口を設置したり、弁護士など第三者に相談できる
体制を構築したりする企業は増えているが、まだ体制を整えていない企業
も少なくない。まだ未整備の場合、ハラスメントに詳しいNPOに外部委
託するのも手だろう。企業へハラスメント研修サービスを提供したり、第
三者窓口として社員の相談に応じる業務を受託したりしているところもあ
る。ぜひ一度、行政にも相談しながら、自社に近いNPOを調べてみてほ

男女雇用機会均等法の施行状況における相談件数の推移

（厚生労働省「令和元年度 都道府県労働局雇用環境・均等部（室）での法施行状況」から作成）

しい。

　ハラスメント対策はやったところで利益になる訳ではないが、やらなかった場合、万が一、行政の是正指導を受けると、一気に会社の評判に傷が付く。そうなると、SDGs達成の前提となるビジネスの持続可能性はおぼつかない。厚労省の教材やNPOを活用することで、さほどお金を掛けなくても対策は取れる。後は経営者の意識の問題だ。

ターゲット　5.3

未成年者の結婚、早期結婚、強制結婚及び女性器切除など、あらゆる有害な慣行を撤廃する

ターゲット　5.4　　ジェンダー

公共のサービス、インフラ及び社会保障政策の提供、並びに各国の状況に応じた世帯・家族内における責任分担を通じて、無報酬の育児・介護や家事労働を認識・評価する

インプット　男性の育休取得を促す

SDGs　ケーススタディ　先行事例を参考に。取り組むポイントは社内調整

　知名度の高い小泉進次郎環境相が取得して話題となった男性の育児休業。厚生労働省の「雇用均等基本調査」（2019年度）によると、日本の男性の育休取得率は7.48％と女性の83.0％と比べ、圧倒的に低い。政府は男性の取得率向上を目的に、2020年度から国家公務員の男性職員による原則1カ月以上の育休取得を促す方針を決定した。育休を取得する可能性がある職員は前もって上司に報告し、上司が業務分担を図りながら取得

計画を作成する。

　菅義偉官房長官は「上司、幹部職員、人事当局がそれぞれの必要な役割を果たしながら、職場全体として環境の整備を進めていきたい」と発言。取得率が低い場合は上司の評価にも響き、実効性を持たせている。国家公務員が率先して取り組むことで、「わが国全体の動きを促進する」（菅官房長官）と意気込む（首相官邸HP 2019年12月27日内閣官房長官記者会見）。

　中小企業では、すでに育休取得率100％を達成している企業もある。サカタ製作所（新潟県長岡市）は、2017年に子どもが生まれる男性従業員8人中4人が育休を取得したのに対し、2018年は6人中6人全員が育休を取得したという。育休取得前には本人、上司、役員が膝詰めで話し合い、育休スケジュールを調整するほか、会社も給与シミュレーションの結果を提示するなどして安心して取得できるよう促す。同社では常時、誰かが育休中の状態だが、ビジネスに支障はないという。同社は厚労省主催の「イクメン企業アワード2018」の両立支援部門でグランプリを受賞している（日刊工業新聞2020年1月15日付）。

　何から手を付けていいかわからない場合は、NPO法人ファザーリング・ジャパン（東京都千代田区）の活動に参加するのも手だ。このNPOは、男性が取得する育休を「産休パパ」（Thank you, Papa）と名付け、企業や個人に対し、男性の育休取得の啓もう活動を行う。総合商社では双日が同NPOと連携しつつ社内での啓発活動を強化した結果、第一子の時は1日しか育休を取らなかった男性社員が、第二子では1カ月取得する事例も出てきている（日刊工業新聞2020年2月21日付）。

　同NPOは、他にも育休検討中・取得中の父親が情報交換をする場を設けているほか、父親になる心構えを説く活動なども行っている。社員にこうした場の活用を勧めるのもいいだろう（ファザーリング・ジャパンHP2020年8月15日アクセス）。

アウトプット **社員の育休取得はコスト削減のチャンス**

　過去の「イクメン企業アワード」の事例集を見ると、男性の育休取得は企業にもメリットをもたらすという。例えば、育休を取得する社員の業務を棚卸しし見える化して社内で共有すれば、ムダな作業を改善でき、大幅なコスト削減につながる可能性がある。そもそも社員1人が休むにも関わらず業務量が変わらないと、残された社員は自らの負担が増え、心から育休取得を祝えなくなる。男性の育休取得はムダな業務を見直すチャンスと捉えれば、前向きに取得を促せるようになる。

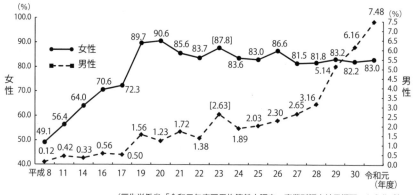

育児休業取得率の推移

（厚生労働省「令和元年度雇用均等基本調査　事業所調査結果概要」から作成）

ターゲット 5.5 ジェンダー

政治、経済、公共分野でのあらゆるレベルの意思決定において、完全かつ効果的な女性の参画及び平等なリーダーシップの機会を確保する

インプット 女性管理職の割合を高める

SDGs ケーススタディ 日本が苦手とするターゲット。中小企業こそ取り組みやすい

　世界経済フォーラム（WEF）が公表した男女格差の指標となる「ジェンダー・ギャップ指数（Gender Gap Index：GGI2020)」によると、日本は調査対象153カ国中、121位と、下から数えた方が早い状況だった。アジアでは中国（106位）や韓国（108位）よりも低く、SDGsの17のゴールの中で、ゴール5のジェンダー平等への取り組みが日本は最も遅れていることがわかる。

　同指数を押し下げている一因に、女性管理職の少なさが挙げられる。「男女共同参画白書2020年版」によれば、就業者に占める女性の割合は44.5％（2019年時点）と、40％台の欧米諸国と大差ないものの、管理的職業従事者に占める女性の割合は14.8％と、30-40％台の主要国に比べ極端に少なくなる。政府は2020年までに指導的地位（企業では課長相当以上）に占める女性の割合を30％程度とする目標を掲げるが、2019年時点で課長級11.4％、部長級6.9％、上場企業の役員5.2％となり、達成にはほど遠い状況だ。本来なら政府が音頭を取り、一定割合を女性とすることを義務付ける割当制（クオータ制）の導入で女性比率を強制的に引き上げるようなことをしなければ目標は達成できないが、男性がマジョリティーの国会では、クオータ制は人気がない。

　政府が動かなければ自分たちの手で何とかしようと立ち上がったのが「30% Club」だ。同会は企業の役員に占める女性比率の向上を目的に

2010年に英国で発足した会（クラブ）で、2019年4月に日本でも正式に活動を始めた。30%は「意思決定において影響を及ぼすことが可能な量」とされ、英国では発足当時12.6%だったロンドン証券取引所の代表的な銘柄100社（FTSE-100）の女性役員比率が、2018年には30%に到達したという。

日本では、東京証券取引所の代表銘柄100社（TOPIX100）の取締役会に占める女性割合を2020年に10%、2030年に30%に引き上げることを目標に掲げる。同会は企業や組織のトップのみが参加可能で、会員は企業のトップ層に占める女性比率の明確な数値目標と期限を設定し、自社におけるダイバーシティーの取り組みを積極的に取り組むことが求められている（30% Club Japan 2019年4月23日リリース）。こうした取り組みが奏功し、女性役員比率が飛躍的に高まることが期待される。

一方、中小企業では先駆的な事例もある。従業員約70人の住宅メーカー、エコワークス（福岡市博多区）は、2030年に社員の女性比率を50%（2019年6月現在は30%）、新任管理職の女性比率を50%（同13%）にする目標を設定している。人材不足が深刻化する中、同社は女性社員が出産で退職したら戦力ダウンになるとの危機感を抱き、産後に復職しやすい職場づくりなどに取り組んでいる。上場企業よりも中小企業の方が、トップの意識次第で野心的な目標の設定・実現が可能であり、エコワークスのような企業が増えてくるかもしれない（日刊工業新聞2020年1月31日付）。

アウトプット　**女性活躍は国や企業の成長を促す**

30% Clubによれば、取締役会などの意思決定機関に占める女性比率を30%にすると「多様性がもたらすビジネスメリットの恩恵を受ける可能性が高くなる」という。世界70カ国約1万3000社の調査結果をまとめた国際労働機関（ILO）の報告書（2019）によれば、管理職におけるジェンダー多様性を追求している企業の約4分の3が5-20%、うち大半が10-

15％の利潤増を報告したという。また、186カ国の1991-2017年のデータを分析したところ、国家レベルでは女性の就業率の上昇と国内総生産（GDP）の伸びが正の相関関係を示したという。このターゲットに取り組んで女性管理職が増えることは、会社や国家の成長や持続可能性にもつながりそうだ。

ターゲット　5.6　　ジェンダー

国際人口・開発会議（ICPD）の行動計画及び北京行動綱領、並びにこれらの検証会議の成果文書に従い、性と生殖に関する健康及び権利への普遍的アクセスを確保する

インプット　女性のエンカーレッジメント（能力開花）を後押し

SDGs　ケーススタディ　企業主導型保育所の空き枠を積極活用しよう

　ターゲットにある「北京行動綱領」は男女平等を実現するため、女性のエンカーレッジメント（能力開花）をうたっている。企業においては、女性特有の課題である産後の職場復帰を促すため、保育所を整備することも、このターゲットの取り組みになる。

　最近の事例では、「企業主導型保育所」の設置が当てはまる。企業がつくる保育所を指し、認可外の施設ながら条件を満たせば認可並みの運営費・整備費の助成を受けられるのが特徴だ。2019年3月末時点で設置予定を含んだ同保育所の定員数は8万6354人に達した。だが、まだ企業や働く女性に広く知られていないことなどから、会計検査院が同年4月23日に発表した調査結果によると、せっかく設置したにも関わらず、利用者が定員の半数に達していない施設が4割もあったという。

　こうした宝の持ち腐れ状態を解消するため、保育関連サービスを手掛けるグローバルキッズは、企業主導型保育所の空き枠を利用したい企業の従

業員へ紹介する事業「えんマッチ」を始めた（同事業は2020年1月に日本生命保険の子会社ライフケアパートナーズに事業承継された。今の事業名は「子育てみらいコンシェルジュ」）。保育所をゼロから整備するのは難しくても、「えんマッチ」のような事業者や自治体から空き枠の情報を得て、従業員に保育所を手当てすることもよい取り組みだろう（グローバルキッズ2019年10月30日リリース）。

　企業主導型保育所の設置を巡っては、助成金の不正受給が摘発されるなど逆風も吹く。新規の設置のハードルは上がっており、まずは既存の保育所の空き状況を調べ、利用を検討するのが良いだろう。

| アウトプット | 女性採用の武器に

　企業主導型保育所は、延長保育や夜間保育、土日保育に加え、短時間保育など従業員の働き方に応じた柔軟な保育サービスが提供できる。助成金が出るため、認可保育所並みの利用料で済むのも魅力だ。福利厚生の1つとしてメニューに加えれば、SDGs対応を強調できるだけでなく、女性を採用する上で強力な武器になるだろう。

ターゲット　5.a　　ジェンダー

女性に対し、経済的資源に対する同等の権利、並びに各国法に従い、オーナーシップ及び土地その他の財産、金融サービス、相続財産、天然資源に対するアクセスを与えるための改革に着手する

| インプット | 女性にも男性と同じビジネス機会を提供する

| SDGs ケーススタディ | 女性の想いをカタチに

　内閣府の男女共同参画白書（2020年版）によると、起業家に占める女性の割合は34.2％（2017年）と、男女比は7対3となっている。男性よ

りも女性起業家が少ない要因に、女性は起業時の資金調達が難しい点が挙げられる。

　会計コンサルティング大手の英EYが2018年に世界21カ国の2766人の経営幹部を対象に実施した調査よると、女性起業家の半数以上の52％が外部から資金調達ができないと回答したのに対し、同じ悩みを抱える男性起業家は30％にとどまった（EYジャパン2018年5月28日リリース）。

　女性起業家は世界的にまだ少数派にとどまり、成功事例も限られることから、金融機関は資金提供を渋る傾向にある。資金調達以外にも、販路開拓や土地の登記などでもビジネス上、男性よりも困難に直面する場合が多い。ただ、最近はこうした女性起業家の現状を踏まえ、全国各地で女性に特化した創業支援活動も増えつつある。

　高松信用金庫は、2015年から女性の創業や社会貢献、地域ビジネスを応援する塾「SANUKI WOMAN キャリスタ塾」を開講している。学生服のリユース業を手がける地元の女性起業家、馬場加奈子氏の発案で、女性に特化した支援活動を展開する。事業計画書の策定などの一般的な起業塾ではなく、その前段階の「想い」を整理し「カタチ」に表現するステージから寄り添ってサポートしている（高松信用金庫HP 2020年8月15日アクセス）。

　具体的にはビジネスで成功している女性社長の講演を聴いたり、女性起業家の先輩メンターから事業化のアドバイスを受けたりできる。同庫は、この取り組みが女性の起業家精神を高めることに貢献しているとして、2018年度に金融機関としては初めて中小企業庁の「創業機運醸成賞」を受賞している。

　起業後の活動をサポートする動きもある。コラボラボ（東京都千代田区）は女性経営者の会員制データベースサイト「女性社長.net」を開設（登録数約2500人）、取材対象者を探すメディアや連携相手を探す企業に会員の情報を提供するほか、会員同士で悩み相談やサポートをしあえる仕組みを構築している（コラボラボHP 2020年8月15日アクセス）。

全国商工会議所女性会連合会も「女性起業家大賞」を通じて優れた女性経営者を鼓舞したり、海外女性経済団体と交流して女性起業家のグローバル展開を後押ししたりしている。

　女性起業家も男性起業家と同じように活躍できるようサポートすることも、広い意味でこのターゲットに含まれるだろう。

アウトプット　**女性起業家にも男性起業家と同じ扱いを**

　ある女性起業家が金融機関に融資を申し込むと、「夫の職業を聞かれた」という。逆の場合、男性が妻の職業を聞かれることはまずない。かように日本では女性が経済的に自立した経営者として見られることはまだ少ない。日本の起業率は米国の半分程度で、政府は起業率向上のため、女性の起業を促している。

　今後、女性起業家が増えてくる可能性がある中、金融機関や不動産業などにおいては女性経営者に対しても男性経営者と同じ条件でサービスを提供するようになれば、ビジネスチャンスが増えるだろう。

ターゲット　5.b　ジェンダー

女性の能力強化促進のため、ICTをはじめとする実現技術の活用を強化する

インプット　**IT業界での女性活躍を後押しする**

SDGs ケーススタディ **ITに興味のある女性の育成に向け、情報発信**

　国連が作成したこのターゲットの目安となる指標では、携帯電話の所有において男女ギャップを埋めることとしているが、日本では女性にも携帯電話は普及している。そのため、さらに踏み込んで、女性のIT技術の活用ひいてはIT業界での活躍まで視野を広げて解釈してもいいだろう。

　IT業界では、女性の活躍がまだ少ない。経済産業省の「IT人材の最新

動向と将来推計に関する調査結果」（2016）によると、IT関連産業に占める女性の割合は全体の4分の1にとどまる。日本では最悪の場合、30年に80万人近くのIT人材が不足するとの試算があり、人手不足を解消するためにも女性の担い手を創出していく必要がある。

　一般社団法人Waffle（ワッフル、東京都渋谷区）は、こうしたIT業界の課題を踏まえ、10代の女子学生にITへ興味を持ってもらうイベントの企画に取り組む。2019年秋には女子中高生を対象に、プログラミングでSDGsのアイデアを競うハッカソン（技術開発コンテスト）を日本オラクルなどと連携して開催。企業が開く女子学生向けITイベントに協力する。

　デジタルエコノミーの進展でIT技術が社会をつくっていると言える状況にある中、「女性ITエンジニアが少数のままなら、いつまでも男性が社会をつくることになる」（田中沙弥果代表理事）との危機感が活動の背景にある。プログラミングの出前授業の経験から、小学生の段階では男女の関心度合いに差はないが、中高生になるとIT業界に興味を持つ女子学生が極端に少なくなることから、10代の女性を対象にしたイベントの企画に力を注ぐ。将来的には政府にも積極的に提言し、IT業界での女性活躍を後押ししていく方針だ（日刊工業新聞2020年2月14日付）。

　ITに特化しているわけではないが、ITを含む女性技術者のネットワーク「日本女性技術者フォーラム（JWEF）」も女性のIT活用を促す取り組みを行う。女性はキャリアのロールモデルが少ない現状を踏まえ、女子中高大生向けに会員の仕事の体験談を話す場を設けたり、AI活用勉強会やプログラミング体験教室を企画したりしている。会員同士でも先輩会員が若い世代の悩み相談に応じる場を設けている。同会は女性技術者同士の交流・情報交換によりその能力を発揮できる場を創成することを会の狙いとしており、法人会員には日本IBMや日本ユニシスなどが名を連ねる。男性が女性活躍を後押しするだけでなく、女性同士が悩みを共有し、切磋琢磨していくのも、IT業界での女性定着につながるだろう（日本女性技術者フォーラムHP 2020年8月15日アクセス）。

　IT業界は長時間労働のイメージもあり、女性に敬遠されがちだが、場所を選ばず働ける利点は、子育て世代の女性にとっては柔軟な働き方を実現する極めて可能性を秘めた業種と言える。まずは女性にIT業界へ関心を持ってもらうことが欠かせず、自社でイベントを企画したり、WaffleやJWEFのような組織と連携して女性向けのIT関連イベントを開催したりするのも立派なSDGsになる。

ターゲット　5.c　ジェンダー

ジェンダー平等の促進、並びに全ての女性及び女子のあらゆるレベルでの能力強化のための適正な政策及び拘束力のある法規を導入・強化する

インプット　サプライヤーやビジネスパートナーにも女性活躍を促す

SDGs　ケーススタディ　取引先にも女性活躍を求める動き

　自社で女性活躍に取り組むだけでなく、このターゲットではサプライヤーやビジネスパートナーにも、女性の機会均等などに取り組むよう促すことも行動範囲に含まれる。最近は少しずつだが、公共調達や民間のサプライヤー・ポリシー、取引先の選定において男女平等を求める動きが広がっている。

　政府は2016年3月に、公共調達や補助金の採択で女性活躍をはじめとしたワーク・ライフ・バランスに取り組む企業を加点評価する方針を打ち出した。例えば女性の採用比率などの情報公開が進んだ企業の認定マーク「えるぼし」の取得企業が加点評価の対象になる。2017年度で国の取り組み対象となる調達件数に占めるワーク・ライフ・バランス推進企業の割合は25％と、全体の4分の1を占めた。独立行政法人等にいたっては、

この割合は48％と半数近くに達している（内閣府男女共同参画局2019年6月18日公表資料より）。今後、女性活躍に取り組まなければ、公共調達で機会を逃す状況が増える可能性がある。

　民間企業では、武田薬品工業が「サプライヤー・ダイバーシティプログラム」と称し、女性が経営する企業を含んだ多様なサプライヤーからの調達に取り組んでいる。女性起業家からの調達に前向きな姿勢を示すだけでなく、小規模な女性起業家の会社に対しては、3月8日の国際女性デーに、全米女性経営者企業評議会を通じて米国東海岸のダートマス大学タックビジネススクールでのエグゼクティブ教育プログラム受講への奨学金を提供している。同社によれば、多様なサプライヤーとの提携は「新しい革新的な製品やサービスの利用を可能とする」と見ている（武田薬品工業サスティナブル・バリュー・レポート2018より）。

　サプライヤーダイバーシティー（調達先の多様化）という考えは欧米を中心に広がり、米国では調達の多様化に取り組む企業へ女性起業家を紹介する非営利の活動組織も立ち上がっている。その1つが米国発祥の非政府組織（NGO）ウィコネクト・インターナショナルだ。女性経営者の企業を多国籍企業の調達網につなげる取り組みを行う。具体的には女性が51％以上の株式を持ち、実質的にも経営を支配している企業に認証を与え、データベース「ウーマン・ビジネス・エンタープライズ（WBE）」に登録する。その上で、多国籍企業にWBEの登録企業からの製品調達を促すほか、女性経営者に対しても、大企業の調達や広報部門のリーダーらが講師役となり、効果的なプレゼンテーションの手法やホームページの作成方法などを教えている。

　2018年4月に日本支部が創設され、2020年8月3日までにKIGURUMI.BIZ（宮崎県新富町）や日本精機（大阪市生野区）、Waris（東京都千代田区）など13社が認証を受けた。「年末までに30社の認証を目指す」（日本支部の鈴木世津ディレクター）という。ウィコネクトの活動はアクセンチュアやインテル、ジョンソン・エンド・ジョンソンなど約100社の調

ウィコネクト・インターナショナルの活動風景

ウィコネクトに認証を受けた女性経営者の日本企業

no.	社名	代表取締役・社長・共同代表
1	KIGURUMI.BIZ	加納ひろみ
2	日本精機	髙橋祐子
3	Waris	米倉史夏　田中美和　河京子
4	アイ・ビー・エス・ジャパン	望月綾子
5	アトリエイシカワ	石川恵美
6	キャリア・マム	堤香苗
7	MIDORIE BIO JAPAN	萬英子
8	マイ.ビジネスサービス.	村田千世子
9	グローバル・スタッフ	高橋和美
10	センショー	堀内麻祐子
11	マスコール	境順子
12	ルゥルゥ商會	地野裕子
13	幸呼来Japan	石頭悦

（2020年8月3日現在）

達の多様化に取り組む企業がスポンサーとなり支えている。これまで日本企業のスポンサーはいなかったが、日本支部によると、2020年内に第1号の日本企業のスポンサーが現れそうだという。

　日本でも女性起業家からの調達に積極的な企業が増えれば、8％（帝国データバンク調べ2020年4月）と低い女性社長比率の向上につながるかもしれない。

アウトプット｜調達で女性活躍企業を優遇

　武田薬品工業が指摘しているように、女性や障がい者など多様な人材との取引を増やすことは、「新しい革新的な製品やサービスの利用を可能とする」ことにつながる可能性がある。世の中の男女の比率は半々なのに、現状は男性経営者による男性目線だけで製品を開発している企業が多い。ここに女性の視点を加えると、これまで見落としていた女性消費者のニーズに気付くかもしれない。その気付きは、新たなビジネスチャンスにつながる。

Part 6

安全な水とトイレを世界中に

すべての人々の水と衛生の利用可能性と
持続可能な管理を確保する

水は生命に直結する資源。いつも利用している自動販売機でも、海
外の水不足解消に貢献できる。水がテーマなら、環境教育などで地
域とコミュニケーションをとりやすくなる。適切なトイレの整備
も、ゴール6達成の必須条件だ。

2030年までに、全ての人々の、安全で安価な飲料水の普遍的かつ平等なアクセスを達成する

インプット　水不足に悩む海外の人たちを支援しよう

SDGs　ケーススタディ　自販機の設置で安全な飲料水の普及に貢献

　衛生的な水をいつでも飲める日本にいると、水に関わる問題は実感に乏しい。

　世界では22億人が、水道水のような衛生的に管理された安全な飲み水を入手できない。川や池の水を直接、利用している人が多いということだ。

　今、世界人口の40％以上にあたる36億人が水不足に悩まされている。水道が普及すると途上国でも安全で安価な飲料水を利用できると考えてしまうが、そもそも住んでいる近くに河川や湖がなく、水道を整備できない地域もある。2050年に世界人口が97億人（現在は77億人）に達すると、より水不足が深刻化し、「水の奪い合い」から紛争に発展するとの予測もある。

　人口だけが増えても、陸上の水源は簡単には増えない。近くに河川や湖があっても工業や生活排水で汚染されていては、せっかくの貴重な水も使えないままだ。

　「すべての人々に安全で安価な飲料水」を届けるターゲットは達成が簡単ではない。日本にいる私たちが、水不足の地域に行って水道や下水道を整備することも難しい。しかし、貢献する手段がまったくないわけではない。日本にいながら、海外の水問題の解決に貢献できる方法がある。

　1つ例をあげると、自動販売機の売上高の一部を途上国の水環境改善に寄付する方法だ。対応するメーカーの自販機を職場に設置すると、従業員が飲料水を購入する日常的な行動で支援ができる。

　この仕組みは日本青年会議所と日本水フォーラムが共同キャンペーン

「SMILE by WATER」として実施している。他にも募金やクラウドファンディングでも支援できるが、飲料水の購入なら普段からできるので継続的な支援ができそうだ。

　日本水フォーラムのホームページにこれまでのキャンペーンの実績が公表されている。2018年度はインドの2つの村で、深井戸の掘削、給水主配管の敷設と給水設備との接続、学校へのトイレや貯水タンクの整備を支援したという。2つの村とも住民は1-2km離れた井戸に水をくみに行っていた。支援によって村内に井戸ができたことで、水くみの重労働から解放された。

アウトプット　日ごろの行動を寄付につなげる

　最近、海外の水不足が話題になるようになった。日本から「水を贈る」といった物質的な支援は現実的ではない。「本業を通した貢献」ができるのも、上下水道事業に携われる一部の企業に限られる。

　そう考えると、募金が私たちのできる一般的な支援方法だろう。紹介した自販機なら、飲料水購入という日常の行動が募金となり、水不足に悩む人を支援できる。さらに「どこに井戸を掘った」などの実績も確認できるので、職場に自販機を設置した企業も「ターゲット6.1に貢献した」と言いやすい。

SMILE by WATER の自動販売機型募金のイメージ

売上の一部

SMILE by WATER
アジア各国に支援

雨水貯留タンクの設置

魚の養殖事業の導入

深井戸の掘削

2030年までに、全ての人々の、適切かつ平等な下水施設・衛生施設へのアクセスを達成し、野外での排泄をなくす。女性及び女子、並びに脆弱な立場にある人々のニーズに特に注意を向ける

インプット　「トイレ」の普及に貢献しよう

SDGs ケーススタディ 商品購入による間接的な寄付

　GRIと国連グローバル・コンパクトの『ゴールとターゲットの分析』に掲載のターゲット6.2の開示事項には次の設問が出てくる。

・職場には、女性用の独立したトイレ設備があるか

・独立したトイレを備えた事業所の数

　思わず「なぜ、こんな質問するの?」と首をかしげた人がいるのでは。日本人の感覚からすると「女性用トイレ」はあって当然。わざわざ質問する必要があるのか、疑問に思ってしまう。

　確かに例外がある。個人事務所、もしくは従業員が数人でビルやマンションの一室をオフィスとして利用する小規模な会社だと、男女兼用トイレということがあると思う。おそらく備え付けのトイレは1カ所しかないから、男女兼用となっているのだろう。

　海外に目を向けると、女性用トイレがない途上国がある。そもそもトイレがない地域もある。

　国連児童基金（ユニセフ）などの報告書によると、世界の3人のうち1人に当たる約23億人が安全で衛生的なトイレがない生活を送っている。そのうち9億人が日常的に屋外で排泄している。

　屋外排泄は女性にとって性的被害や暴行に遭う危険がある。学校にもトイレがなかったり、あったとしても女児用トイレがなかったりして、学校に通えない女児も多い。

　こういった海外の現実を知ると、『ゴールとターゲットの分析』の開示
事項の意図も理解できる。もし自社に海外拠点があるなら、女性用トイレ
があるか確認してみよう。NGOのウォーターエイドによると「適切なト
イレを利用できない人数」はインドが最も多く、3億5500万人以上の女
性が適切なトイレを利用できずにいる。自社がインドに進出済み、もしく
は進出を検討しているなら、女性用トイレの設置を確認しよう。

　途上国のトイレ設置を支援している企業も多い。LIXILは途上国向け簡
易式トイレ「SATO」を製造する。数ドルと低価格で、設置が簡単。少量
の水で洗浄ができ、しっかりとフタが閉まるので悪臭を抑え、虫の寄り付
きを防げる。

　一体型シャワートイレ1台の購入で、アジアやアフリカの学校を中心に
SATO1台を寄付する「みんなにトイレをプロジェクト」も展開してきた。
代理店や工務店はLIXILの一体型シャワートイレを営業することで、途上
国のトイレ問題の解決に貢献できる。同社ホームページによると、2018
年4月から9月30日に終了するまで20万3454台を寄付したという。

　屋外排泄は河川や池の水質を悪化させ、不衛生な水が原因となった下痢
性疾患などによって毎日800人の5歳未満の子どもが亡くなっている。商
品購入という日常の行動でトイレ普及を支援できれば、子どもの命を救え
る。

　森永製菓の「1チョコfor1スマイル」も、商品の購入を通じてトイレ問
題に貢献できる仕組みだ。毎年のバレンタインデーの時期、対象のチョコ
レート商品1個が売れると1円をカカオ原産国の子ども支援活動に寄付し
ている。寄付先の団体の1つであるNGOのプラン・インターナショナル
が、学校に男女別のトイレを設置している。プラン・インターナショナル
は「Because I am a Girl（女の子だから）」というタイトルで、女性の人
権保護に取り組む団体だ。

　「トイレ」に関連する事業をしていない、もしくは海外に事業拠点がな
い企業であっても、商品の購入を通してトイレ問題の解決に貢献できる

チャンスがある。もちろん自社の商品に寄付の仕組みを導入することもできるはずだ。

　まずは海外拠点の女性トイレを確認

このターゲットの効果の1つとして、日本の常識と海外の現実の乖離を知ることにあると思う。「トイレはあって当然」「独立した女子トイレも当たり前」という、日本人の常識が通用しない国がある。そして、「トイレ問題」が女性の人権、女児の教育に関連すると気づく。海外拠点がある企業はまず、女性トイレの有無を確認しよう。国際的なCSR推進団体であるグローバル・コンパクトが『ゴールとターゲットの分析』で質問するほど、重要な問題なのだ。

商品やサービスの売上高の一部を環境保全や社会貢献活動に寄付する手法は、「コーズ・マーケティング（コーズ・リレーテッド・マーケティング）」と呼ばれる（Causeは社会的大義）。森永製菓の「1チョコfor1スマイル」が代表例だ。自社の商品にもコーズ・マーケティングを導入することで、トイレ問題を解決できる。

....

ターゲット　　6.3

2030年までに、汚染の減少、投棄廃絶と有害な化学物質や物質の放出の最小化、未処理の排水の割合半減及び再生利用と安全な再利用の世界的規模での大幅な増加により、水質を改善する

ターゲット　6.4　｜気 づ き＼｜新しい取り組み＼

2030年までに、全セクターにおいて水利用の効率を大幅に改善し、淡水の持続可能な採取及び供給を確保し水不足に対処するとともに、水不足に悩む人々の数を大幅に減少させる

｜インプット＼　自社の水の使用量を把握する

SDGs｜ケーススタディ｜水資源を守ることは、水道料金を抑えることにつながる

　ターゲットは「全セクターにおいて」とあるので、すべての業種の企業に対し、水の利用効率の改善を要請している。二酸化炭素（CO_2）排出量削減目標の設定は多いが、大手企業でも水使用量の目標は珍しい。ただ、それほどターゲットの実践はハードルが高いと思わない。取り組みやすいテーマと思うので、挑戦してみてはどうだろう。

　「水利用の効率改善」につながる目標が節水だ。目標設定に向けて、まずは水の使用量を知る必要がある。水道料金の伝票（工場なら工業用水の料金）で確認してみよう。CO_2は電力やガス、ガソリンなどすべてのエネルギー使用量を「CO_2換算」し、合算して排出量を計算する。対して水使用量なら伝票に使用量の記載があるので集計も簡単なはずだ。

　では、どれくらいの削減を目指せば良いのか。CO_2排出量なら国の目標（例えば2030年度までに2013年度比26％減）を参考に自社の削減目標を設定できる。しかし、水について目安になる目標はないのが実情だ。

　そこで事例は多くないが、大企業の水使用に関連する目標を見てみる。例えばソニーは2020年度までに水総使用量5％削減（2015年度比、2000年度比45％マイナス相当）と設定。加えて、主な製造委託先に対し「水使用量の把握と1％／年の原単位マイナス」を求めている。自社だけが取り組むのではなく、製造委託先（サプライヤー）にも節水を呼びかけ

ているのが特徴だ。

　富士フイルムホールディングスは、「2030年度までに当社グループ水投入量を30％削減（2013年度比）」が目標。三菱電機は2020年度までに水使用量の売上高原単位を年率1％削減（2010年度比）が目標だ。

　ソニーがサプライヤーに求めた目標と三菱電機の目標には「原単位」という用語が出てくる。水使用量を売上高や商品の個数などで割り算して算出する数値が「原単位」だ。言い方を変えると「1億円を売り上げるために使った水の量」、もしくは「製品1個の生産に消費した水の量」という意味。

　普通、何も対策がなければ売上高の増加（製造個数の増加）に比例して水の使用量も増える。それだと水をどんどん使ってしまうので、節水を心がけて売上高（製造個数）の拡大ペースよりも水の使用量の増量を緩やかにした方が効率的だ。この考え方で節水を実践し、その成果を評価する指標として原単位がある。ターゲットでも「水利用の効率」と書いているので、「原単位」を目標にして節水しても良いだろう。もちろん原単位の算出が手間なら、絶対量でも良い。

　また、3社の目標を参考にすると、これから節水に取り組む企業も「年1％減」が目標として適当そうだ。ターゲットからズレるかもしれないが「水道料金削減」を目標にするのも良いかもしれない。「キロリットル（水量）」よりも「円（金額）」を減らすとなると、取り組む動機となりやすい。水道料金は上昇傾向にある。日本にいると水不足の心配はないが、水道料金のアップは現実的にありえるため、水道料金削減も目標として適当そうだ。

| アウトプット | 節水目標を作ろう |

　ターゲット6.1で世界人口の40％以上にあたる36億人が水不足に悩まされていると紹介した。世界の人口が増えると割合は増し、もっと多くの人が水不足にさらされる。SDGsは水不足の深刻化を防ごうとゴール6を

設定した。それなのに「日本は水がたくさんあるから」と水の消費に気を配らないとしたら、いかがなものなのか。「SDGs達成に貢献します」と宣言した企業なら、節水を心がけた方が良い。

　しかも、水は使用量を集計できるので、自社がどれだけ使用しているのか把握でき、削減目標も立てやすい。

　節水目標を持つことで、水資源に配慮する企業としてPRできる。また、どの自治体でも水道料金は上昇傾向にある。節水によって操業コストを抑えられる。

　ソニーが製造委託先に対し「水使用量の把握と1％／年の原単位マイナス」を求めていると紹介した。同じように取引先に水使用量の削減を求める大企業が増える可能性があり、節水を実践していると大企業にもPRできる。

各社の水使用に関する目標

企業名	目標
ソニー	・2020年度までに水総使用量5％削減（2015年度比、2000年度比45％マイナス相当） ・主な製造委託先に対し「水使用量の把握と1％／年の原単位マイナス」を求める
富士フイルムホールディングス	・2030年度までにグループ水投入量を30％削減（2013年度比）
三菱電機	・2020年度までに水使用量の売上高原単位を年率1％削減（2010年度比）

2030年までに、国境を越えた適切な協力を含む、あらゆるレベルでの統合水資源管理を実施する

インプット　ウォーターフットプリントと水リスクを知って、国境を越えた水問題を理解しよう

SDGs　ケーススタディ　海外工場、取引先の水リスクを調査する

「ウォーターフットプリント」という言葉を聞いたことがあるだろうか。日本語にすると「水の足跡」なので、何となく文学的な雰囲気がする。ウォーターフットプリントは海外の水文学研究者が提唱した概念だから、文学的なのかもしれない。

ウォーターフットプリントは、1つの商品が作られるために使われた水の量を指す。例えば、コピー用紙は原料の樹木の成長には水が欠かせない。樹木を切り出したパルプを用紙に加工する製造工程でも大量の水を消費する。

洋服も素材が綿なら同じように綿花の栽培で水が使われている。染色工程でも水を使い、洗濯にも水が必要だ。このようにウォーターフットプリントは原料の製造工程から「水の足跡」を追い、水量を合計する。

2014年にはウォーウォーターフットプリントの国際規格「ISO14046」が発行した。また環境省も同年、「ウォーターフットプリント算出事例集」を発行した。

一時は注目されたが、ウォーターフットプリントの算出例は少ない。社会での認知度も決して高くないので、算出が必須というものではない。大事なのはウォーターフットプリントの考え方の理解だと思う。水を大量に使っていると思われない商品でも、製造工程をさかのぼると水を大量消費しているという現実に気づくことがある。

例えば、手元にある商品が輸入品とする。しかも製造工程で大量の水を

　必要とする商品だとする。産地は、水不足の国かもしれない。その国の市民にとっては貴重な水を大量に使って作られた商品だと認識すれば、その商品を大切に使おうと思う。もしくは、水不足以外の地域で生産された商品を選ぶという選択肢を思いつくだろう。

　ウォーターフットプリントの概念を理解することは、ターゲット6.5の「国境を越えた適切な協力を含む」につながるのだと思う。

　「水リスク」も、国境を越えて水問題を考えるヒントを与えてくれる。

　水リスクとは、将来の水問題が事業に及ぼす影響だ。例えば異常気象によって降雨量が減って水不足に陥ると、工場の操業に影響が出る。取水制限によって生産調整を余儀なくされたり、水道料金が上昇して生産コストが圧迫されたりする。現在は水が豊富な地域でも、人口増加や都市化によって水需要が増加し、水不足が進行する地域もある。

　米NGOの世界資源研究所（WRI）は、水リスクを知る手段として「Aqueduct Water Risk Atlas」を公開している。世界地図上に色分けをして水リスクの強度を表示しており、インターネット上で利用できる。200カ国近くの地域の水リスクを確認でき、国境を越えた水問題を検討できる。

　パナソニックなどはAqueduct Water Risk Atlasを利用し、海外工場の水リスクを点検している。将来の水不足や洪水の発生の危険度も確認できるため、工場が現在の場所で操業を続けて水リスクに見舞われる可能性も検討できる。

　水不足は操業への影響はもちろんだが、地域での評判にも直結する。水不足に陥った地域で操業を継続していると「市民が生活で使うはずの水を奪ってまで操業している企業」という悪い評判が出るリスクもある。非人道的な行為をする企業とレッテルとはられると、不買運動に発展するケースもある。中小企業も海外進出する際、Aqueduct Water Risk Atlasを活用して水リスクを確認してみてはどうだろう。

　もしくは自社の取引先の水リスクも確認してみよう。もしリスクの高い

地域で操業していたら、取引先が水リスクを認識しているか、問い合わせてみるのも良いだろう。

アウトプット **海外の水問題を理解するきっかけに**

　ターゲットが求めるように「国境を越えた適切な協力」をしようにも、直接的な協力ができる企業は限られる。ただ、ウォーターフットプリントや水リスクを知ることは、海外の水問題にも目を向けるきっかけを与えてくれる。水の消費が少ない商品を選んで調達することで「国境を越えた適切な協力」ができる。また、取引先の水リスクを知ると、取引先に節水を促すこともできるだろう。

　国境を越えた水問題に関心を持つことで、「生活に欠かせない水を奪ってまで操業している企業」と批判されるリスクも減らせる。

Aqueduct Water Risk Atlas

（WRIのHPから）

ターゲット　6.6

2020年までに、山地、森林、湿地、河川、帯水層、湖沼などの水に関連する生態系の保護・回復を行う

ターゲット　6.a

2030年までに、集水、海水淡水化、水の効率的利用、排水処理、リサイクル・再利用技術など、開発途上国における水と衛生分野での活動や計画を対象とした国際協力と能力構築支援を拡大する

ターゲット　6.b　　活動のレベルアップ

水と衛生に関わる分野の管理向上への地域コミュニティの参加を支援・強化する

インプット　「水資源の大切さ」という認識を高める

SDGs　ケーススタディ　水の循環で出前授業、子どもの反応が仕事のモチベーションに

　ターゲット達成のために企業ができることとして、市民に水資源の大切さを啓発する学習機会の提供があると思う。水と生命、水と森林、海外の水不足など、よく考えると水に関連するテーマは多い。切り口は企業次第だが、水の衛生的な管理に自分の行動が関連すると意識できる市民を増やすことが、このターゲットへの貢献となるだろう。

　メタウォーターは「水の循環」を学ぶ出前授業を各地で展開している。対象は小学生から高校生、さらに保育園までと幅が広い。

　水の循環とは、雨が地上に降り注ぎ河川や海へと流れ、蒸発して雨となって地上に降り注ぐサイクルだ。ただし、ルートは1本ではない。雨が地表から地下にたまり、長い年月をかけて海に到達する水もある。動物の飲み水や農作物の栽培に使われる水もある。人間の生活水として利用する

ため河川から取水して浄化し、下水処理をして河川に戻すルートもある。メタウォーターはこの上下水道を支えるビジネスを展開しており、出前授業でも上下水道に関連する「水の循環」を教材としている。

同社の出前授業のメインイベントが実験だ。子どもたちにカットしたペットボトルを渡し、砂をつめてもらう。砂の上から濁った水を流すと、ペットボトルの底から水滴が落ちてくる。たまった水を確かめると濁りが消え、透明に近くなっている。

砂が水から不純物を取り除く「砂ろ過」の体験キットとなっている。実際の上水道施設でも砂ろ過装置が活躍している。

次に「セラミック膜」によるろ過を見てもらう。濁った水を入れると、砂ろ過よりも早く透明な水が出てくる。「セラミック膜」はフィルターとなっており、表面に空いた無数の小さな穴で水中の不純物を取り除く。セラミック膜はメタウォーターの独自技術であり、採用する上水道施設が増えている。

「子どもたちは、砂でも水がきれいになると驚いてくれる。セラミック膜では、きれいな水が出てくる早さに驚いてくれる。自分たちの手を使う"動き"のある実験だと、大きな反応がかえってくる」。出前授業を担当するCSR推進部の加藤秀一さんは、子どもたちの反応を喜ぶ。

河川の出発点であり、水道水のスタート地点でもある水源がある森で授業を開くこともある。屋外では樹木が植えられた土が入った容器と、土だけの容器に水を注ぐ実験もする。どちらの容器にも水の出口があるが、樹木がある方はすぐには水が出てこない。一方、土だけの容器はすぐに水が出てくる。しかもその水は濁っている（この実験装置は横浜市水道局所有・特許取得の「森の宝箱」）。

樹木があると根などに水がとどまる。保水機能が働き、スポンジのように水をたくわえるためだ。一方、樹木がないと保水力がなく、水が流れ出る。

実際の環境でも同じことが起きる。樹木が切り倒されたままだったり、

　手入れがなく細い幹の樹木ばかりになったりした山は保水力が衰えていて、大雨になると土砂ごと流れる危険が高くなる。

　出前授業では映像でも上下水道の仕組みを解説するが、実験や屋外での体験を通して「五感で水の循環を覚えてほしい。森を見て授業の記憶がよみがえると、水の循環を思い出してくれる」と加藤さんは期待する。

　学校への出前授業はメタウォーターの従業員5-6人が参加する。子どもたちの反応はうれしく、従業員も自分たちの仕事が水の循環を守っていることをあらためて認識できる。「社内の交流にもなる」（加藤さん）という。

　同社は文部科学省のホームページに出前授業を登録し、受け付けている。2019年は首都圏を中心に年13回の開催だったが、同社のCSR推進部の大槻真理部長は「もっと増やして、メタウォーターの看板にしたい」と言葉に力を込める。

メタウォーターの出前授業

（メタウォーター提供）

　製品や事業を教材にした出前授業を実施している企業は多いと思う。メタウォーターに限らず、出前授業経験者に聞いてみると「子どもたちの反応が良かった」という声が返ってくる。CSR部員以外の社員が体験すると、自分たちの仕事のモチベーションにつながるのでは。

　もちろん、子どもたちにわかりやすく伝える工夫が必要だ。もしくは「訓練」と言った方がいいかもしれない。子どもが興味を持てて飽きないテーマを選び、子どもたちの目線に立って語らないといけない。大人が「これは役立つはずだ」と一方的に押しつけてはだめだ。自信がなければ、企業と連携した授業づくりが専門のNPO企業教育研究会（千葉市中央区）に問い合わせみたら良いだろう。

　本文にも書いたが、水はさまざまな問題と関わるテーマだ。水ビジネスに携わらない多くの企業でも、水を教材とした出前授業ができそうだ。

Part 7

エネルギーをみんなに
そしてクリーンに

すべての人々の、安価かつ信頼できる持続可能で
近代的なエネルギーへのアクセスを確保する

「節電はやっていて当たり前」と安心せず、レベルアップを考えよ
う。エネルギー削減の目標の設定、もしくは大幅な省エネの達成は
社外にPRしやすい。再生可能エネルギーも活用しやすくなってお
り、検討次第で新たな活動に挑戦できる。

2030年までに、安価かつ信頼できる現代的エネルギーサービスへの普遍的アクセスを確保する

　新しい活動

2030年までに、世界のエネルギーミックスにおける再生可能エネルギーの割合を大幅に拡大させる

インプット　再生エネの利用を検討しよう

SDGs　ケーススタディ　他社の力を借りて取り組む再生エネ利用

「脱炭素」という言葉が頻繁に聞かれるようになった。脱炭素とは、地球温暖化を招く二酸化炭素（CO_2）を排出しないことだ。温暖化が原因となった豪雨や台風、猛暑の被害が世界各地で発生している。こうした自然災害の脅威から生活を守ろうと、気候変動問題の議論において脱炭素社会を求める声が大きくなっている。

では、企業が脱炭素社会に貢献するにはどうしたらいいのか。最も効果的なのが再生エネでつくった電気の利用だ。火力発電所は電気をつくるために化石燃料を燃やすのでCO_2を発生させてしまう。特に石炭が燃料だと燃焼によって大量のCO_2を排出してしまい、温暖化を助長する。それが太陽光や風力といった再生エネなら発電時のCO_2発生を防げ、脱炭素社会に貢献できる。

もちろん1社当たりの再生エネの利用量は限られる。それでも利用する企業が増えると社会全体の利用量はどんどん増える。そして、このターゲットが要請する「再生可能エネルギーの割合の大幅な拡大」を実現できる。

今、日本では、企業が再生エネを利用できる手段が増えつつある。ここでは具体策として①再生エネ電気を多く扱っている電力会社に契約を切り

替える、もしくは再生エネ比率の高いプランを選んで購入する②「第三者所有モデル」と呼ばれる契約形態で太陽光パネルを設置する—の2つの方法を紹介したい。

まず①再生エネ電気を多く扱っている電力会社に契約を切り替える、もしくは再生エネ比率の高いプランを選んで購入する、について。こちらは比較的簡単で、電力会社のホームページに公開されている電源構成をチェックすると、その電力会社が再生エネ電気の販売が多いか、少ないのかわかる。電源構成には、電力会社が販売している電気がどのような発電方法でつくられたのかが示されている。

そうはいっても、全国には670もの電力事業者が存在する（資源エネルギー庁の登録小売電気事業者一覧、2020年8月12日現在）。1社1社のホームページを調べるのは手間なので「エネチェンジ」のホームページを参考にするのも手だ（https://enechange.jp/）。

また、ベンチャー系や地域密着系の電力会社ほど再生エネ電気の販売が多い特徴がある。例えば「みんな電力」（東京都世田谷区）の電源構成を見ると80.4％が再生エネとなっており、圧倒的に多い（FIT電気を含む、2019年度）。同社の「ENECT RE100プラン」という電力メニューを選んで契約すると、再生エネ100％のCO$_2$排出量ゼロの電気を購入できる。「ENECTプラン」でも75％が再生エネだ。

同社は再生エネ電気の扱いで他の電力事業者と差別化しており、顧客には丸井グループ、TBSラジオ、戸田建設、三菱自動車など大手企業がいる。

次に②「第三者所有モデル」と呼ばれる契約形態で太陽光パネルを設置する、について。「第三者所有モデル」の名前の通り、サービス提供事業者が太陽光発電設備を所有する契約形態だ。再生エネを利用したい企業はサービス提供事業者と契約すると、自社の工場などに太陽光パネルを取り付けてもらえ、発電した電気を直接利用できるようになる。設置費用はサービス提供事業者が負担し、企業は利用した電力量などに応じてサービス料を支払う。契約期間中は太陽光パネルの電気を使い続けることが条件

となるが、企業は初期費用を抑えながら再生エネを利用できる。

　NTTファシリティーズも第三者所有モデルのサービスを提供する1社だ。同社は自動車メーカー・SUBARU（スバル）の群馬県大泉町の事業所屋根に太陽光パネルを設置し、発電した電気を施設に送電している。対象施設の消費電気の42％が再生エネになる見通しだ（NTTファシリティーズ2019年5月29日リリース）。

　またNTTファシリティーズは、非上場の出雲東郷電機（島根県出雲市）ともサービス契約を結んだ。出雲東郷電機の遊休地に太陽光発電所を建設し、発電した電気を工場や本社ビルに送る。再生エネ比率は33％を見込む（NTTファシリティーズ2019年8月26日リリース）。

　脱炭素の潮流は確実に中小企業にも押し寄せている。2019年10月、再生エネ100％での事業運営を目指す中小企業・大学など28社・団体が結集し、新組織「再生エネ100宣言 RE Action」を設立した（https://saiene.jp/）。再生エネ導入を応援する自治体も加わり、脱炭素社会の実現を後押しする。参加企業らは再生エネを安価・大量に購入するための情報共有や社会への働きかけもする。

　アウトプット ╲ **再生可能エネルギー由来の電気を購入する**

　「再生エネを利用できるのは大企業だけ」と思いがちだが、実は中小企業の方が利用しやすい。大企業は各地に拠点があって電力使用量も多く、再生エネ電気に切り替えるとなると時間がかかる。その点、中小企業は大企業と比較すると電力使用量が少ないので、再生エネに切り替えやすい。

　それにコスト面でも大企業の再生エネ転換は難しい。大企業は大量に電力を購入する大口需要家なので、電気の価格が安い契約になっているからだ（1kWh当たりの価格）。再生エネ電気は1kWh当たりの価格が高いので、切り替えるとコストアップになる。一方、小規模な事業所ほど元々の電力価格は大口需要家ほど安くなく、再生エネ電気の価格と遜色ない。そのため、再生エネ電気を利用しても電気代の上昇が抑えられるのだ。

再生エネ利用は「脱炭素社会」に貢献する企業姿勢を示す明確なメッセージとなる。いち早く再生エネ電気の利用を始めた中小企業ほど、SDGsのターゲット達成への貢献を社会にPRできるチャンスだ。

....

ターゲット　7.3　活動のレベルアップ

2030年までに、世界全体のエネルギー効率の改善率を倍増させる

インプット　省エネ活動に取り組み、エネルギー消費量を半減する

SDGs　ケーススタディ　CO_2排出量の削減とエネルギー使用量の削減は同じ結果を生む

温暖化対策と言えば、真っ先に「省エネルギー活動」が思い浮かぶのでは。人がいない場所の照明のOFF、お昼休みの消灯、エアコンの温度設定の調整（夏は28℃、冬は20℃）や扇風機の併用など、ありとあらゆる省エネ活動が日常化しているはずだ。

このターゲットは省エネ活動のレベルアップを要請するが、「エネルギー効率の改善率を倍増」はわかりやすい数値目標ではあるが、実行は難しい。もし現状が毎年1%ずつ改善していたら1%が基準となるので、毎年2%ずつに改善のハードルが上がる。2%だったら4%、3%だったら6%と現状の改善率に応じて目標も高くなる。今でも十分な努力をしているほど、高いレベルの省エネ活動が求められるようになる。

このように基準値によって難易度もバラつくので「2030年までにエネルギー消費を半減する」とインプットしてみる。事業での電気の使用量の半減、もしくは電気とガスの合計使用量の半減に挑戦する目標としてはどうだろう。

それでは半減は可能なのか。家電量販店「ケーズデンキ」は売り場面積当たりのCO_2排出量を2007年度から10年かけてほぼ半減した。CO_2排出

量が減ったということは、エネルギー使用量の削減と同じ意味を持つ。

　ケーズデンキを運営するケーズホールディングスのホームページに取り組み例が掲載されている。店舗照明をエネルギー消費の少ないLED照明に切り替え、エネルギー管理システム「BEMS」を2017年度末時点で255店舗導入したとしている。BEMSは電気の使用を自動で絞り込んでくれる機器だ。ケーズデンキでは電力使用量が設定した上限に達しそうなると自動で省エネする機能、さらに店内温度を計測して空調の運転を調整する機能を備えたBEMSを採用した。従業員が電気を使いすぎないように気を付けることはもちろんだが、自動で消費を減らすBEMSがあると確実に省エネ化できる。

　すでに照明のLED化、BEMSの導入を終えた企業も少なくないと思う。省エネをやり切ってしまい、エネルギー削減の余地がなくなった工場もあるだろう。省エネ施策が底を突き、悩んでいる環境担当者も多い。

　そこで今、オルガノが新しい省エネの"ネタ"を提案している。普段は気にしない"排水の熱"を有効活用し、製造工程で使用する温水や冷水をつくる「水熱利用システム」だ。空気などに存在する熱を活用して空気を冷やしたり、暖めたりする「ヒートポンプ技術」を利用した。

　ある食品工場では水熱利用システムの導入前、冷水はチラーで、温水はボイラーでつくっていた。オルガノは生産工程で使い終わった冷水に着目。冷水は工程で温められ、熱を帯びて戻ってくる。その温（ぬく）くなった水をヒートポンプに送り、他の工程で必要な温水づくりに使う。ヒートポンプを介し、使用後の水の熱を別の水に移すイメージだ。

　以前はボイラーで温水をつくっていた。システム導入後、温くなった温水がボイラー代わりとなったので、ボイラーの運転は停止し、燃料のガスも不要となった。エネルギー費用が約6割減となる大きな節約効果が生まれた。

　オルガノが提案し、これまでに水熱利用システムを導入した顧客工場の実績を平均するとエネルギー使用量を半減できたという。

　水熱利用システムの例のように、工場などでは有効利用できそうな熱が多い。省エネに手詰まりとなっていたら、もったいない熱の使い方がないか点検してはどうだろう。打開策が見つかるかもしれない。

　ビルの省エネ化に対しては国が補助金を用意して支援している。特に力を入れているのが、ZEB普及事業だ。

　ZEB（ゼブ）とはNet Zero Energy Buildingの略称。正確には「一次エネルギー消費量の収支のゼロを目指した建築物ビル」と定義されるが、かみ砕いて言うと「使うエネルギーを実質ゼロにしたビル」だ。LEDのような省エネ機器の導入、断熱材の利用などで徹底的に使うエネルギーを減らす。それでも、どうしても消費ゼロにはならないので、太陽光パネルなどエネルギーをつくる設備（自家発電設備）の設置で、消費したエネルギーを帳消しにするとZEBを達成できる。

　ただ、ZEBと言っても国の基準は3通りあり、必ずしも「実質ゼロ」ではなくても良い。「50％以上の省エネ化」を目指してビルを新築する場合でも、「ZEB Ready」として機器の導入を補助する。ちなみに「50％以上の省エネ化」は、ターゲット7.3のインプット「2030年までにエネルギー消費を半減する」と一致する。国のZEBの補助金や基準の詳細は環境省のホームページ「ZEB PORTAL」で確認してほしい（http://www.env.go.jp/earth/zeb/index.html）。

　ZEB補助金を利用したビルは、国のお墨付きがあるので「ZEBを達成した」とアピールしやすい。ZEB PORTALに事例が掲載されているのは、決して大きなビルばかりではなく、地方の事例も多い。中小企業も自社ビルの建て替え、リニューアル時、ZEBを検討してみてはどうだろうか。

　2019年7月、ZEBを実現したリコージャパン岐阜支社のビル（岐阜市）を取材した。行政や地域企業からの見学者が殺到しているという。ZEBという言葉を聞いたことはあっても、「実物」はまだ珍しいようで、関心が高いようだ。リコージャパンにとってはビルの見学者にリコー商品を紹介する機会にもなっている。

　ターゲットは省エネ活動のレベルアップを要求する。すでに省エネをやり切った企業が多いかもしれないが、「2030年までにエネルギー消費を半減」という大胆な目標を設定すると、熱の利用のような新たな省エネ策を検討するきっかけになるのでは。今すぐの導入は難しくても、「2030年まで」と時間をおくと十分に検討する余裕がある。

　エネルギー消費が減るとそれだけ電気代やガス代が下がり、コストダウンになる。それにZEBを達成すると、地域にも「超省エネビル」として発信しやすく、SDGs貢献企業としての評価が高まる。

3通りの ZEB

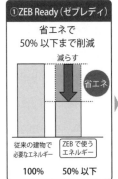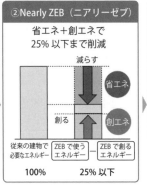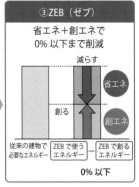

（環境省「ZEB PORTAL」から作成）

ターゲット　7.a　新しい活動

2030年までに、再生可能エネルギー、エネルギー効率及び先進的かつ環境負荷の低い化石燃料技術などのクリーンエネルギーの研究及び技術へのアクセスを促進するための国際協力を強化し、エネルギー関連インフラとクリーンエネルギー技術への投資を促進する

インプット　クリーンエネルギーへ投資する

SDGs　ケーススタディ　グリーンボンドは資金調達の手段

　ターゲット本文から「国際協力を強化し」を除くと、多くの企業で取り組めるターゲットと読めてくる。再生可能エネルギーや省エネルギー機器を利用するための設備投資をすることが、このターゲットに合致した取り組みだろう。

　再生エネの導入はターゲット7.2、省エネ機器の導入はターゲット7.3で触れたので、ここではクリーンエネルギー投資という視点で取り組み方を考えてみたい。

　その1つとして「グリーンボンド」が参考となるだろう。事業資金を集めるために発行する社債（普通）と同じように、企業は「いつまでに返す」「利息はいくら」と約束してグリーンボンドを売り出し、購入者を募る。社債と違うのは、購入者から集めた資金の使い道が環境分野に限定されていること。日本語で「環境債」と呼ばれる所以だ。

　例えば、太陽光発電所を建設したい企業がその建設費に充てるために総額100億円のグリーンボンドを発行する。細かく債券（例えば数億円ずつ）に分けるので、複数の投資家が購入できる。企業はグリーンボンドを発行して（売って）集めたお金で太陽光発電所の建設費を賄える。銀行から借りるなど、資金調達手段は他にもいろいろあるが、グリーンボンドを

選択すると「環境分野に投資する企業」であることを社会に広くPRもできる。

　購入者（投資家）にもメリットがある。まず、期限までに約束通りの利息がついて資金が戻ってくるので安心。ただ、これだと通常の社債や国が起債する国債と同じだ。グリーンボンドならではなのが、環境分野のために資金を使ったと明言できること。つまり「グリーンボンドを購入して環境に貢献しています」と、購入者が堂々と言える。実際、購入者が「投資表明」という形で「グリーンボンドを買った」と名乗りを上げるのも社債や国債との違いだ。

　例えば、東京センチュリーが太陽光発電事業に関連して2018年10月に総額100億円のグリーンボンドを発行すると、機関投資家に混じって大分銀行、巣鴨信用金庫、東日本銀行などの地域金融機関、さらに埼玉医科大学、東京農業大学といった学校法人も投資表明した。グリーンボンドの登場によって地域金融機関や学校法人にも「環境のためにお金を使った」と宣言できる機会が増えた。自社で太陽光発電所を建設できなくても、グリーンボンド購入という形で、再生エネ普及への貢献を訴求できる。大学ならば学生への効果的なPRにもなる。企業もグリーンボンドで資金調達したおかげで、普段とは違う投資家（地方金融機関、学校法人）との関係を持てるようになった。

　グリーンボンドは再生エネ設備だけでなく、省エネ設備導入の資金調達でも活用されている。このターゲットでも「エネルギー効率及び先進的かつ環境負荷の低い化石燃料技術などのクリーンエネルギー」という表現で、省エネ技術への投資が呼びかけられている。

　実際、日本郵船と商船三井はいずれも航行時のCO_2排出量が少ないLNG船の建造資金を集めるためグリーンボンドを発行した。高砂熱学工業は省エネ機能がある研究センターの建設資金の一部をグリーンボンドの発行で賄う。

　こうして見てみるとグリーンボンドは広がっているようだが、日本での

歴史は浅い。もともとは行政（国、自治体）の公的資金だけだと環境問題の解決に限界があり、民間資金も活用しようと海外でグリーンボンドが生まれ、発達した。環境省「グリーンボンド発行促進プラットフォーム」によると、日本では2014年に国内第一号の発行事例がある。2019年の国内発行総額は8238億円と、2014年比24倍に急拡大した。ただ、世界全体の発行額の3％程度に過ぎず、日本は遅れている。

　また、国内の発行企業を見ても上場企業や外資系が多い。特別な発行手続きが必要であり、中小企業にはハードルが高いようだ。それでも2019年2月、こなんウルトラパワー（滋賀県湖南市）という地域新電力が発行した例がある。

　また、芙蓉総合リースは2019年7月、中小企業が再生エネ100％を目指す「再生エネ100宣言 RE Action」（ターゲット7.3で詳述）の参加企業を支援するグリーンボンドを発行した。RE Action参加企業が再生エネや省エネ設備を導入する資金を、芙蓉総合リースがグリーンボンドで集めた資金で賄う。大企業である芙蓉総合リースが、中小企業の脱炭素支援にグリーンボンドを活用するという初めての例だ。

　日本は環境分野に民間資金を呼び込む「環境金融」が海外に比べ遅れている。ただ、脱炭素のような厳しい目標達成には、環境金融の発達は不可欠。今すぐ設備投資の計画がなくても、再生エネや省エネ設備を購入する資金調達の手段の1つとしてグリーンボンドも頭に入れておくと良いだろう。

　アウトプット　環境貢献に資金を使ったと宣言

　クリーンエネルギーへの投資促進ということで、グリーンボンドを紹介した。発行する企業も、購入する投資家も「環境分野に資金を使っている」と堂々と宣言できる。日本でグリーンボンドは発展途上であり、新しい使い方が出てくる予感がある。特に、中小企業支援や地域活性化に貢献する用途もあるのではないだろうか。先行して発行できると注目度も上が

る。発行方法などは環境省「グリーンボンド発行促進プラットフォーム」が参考になる（http://greenbondplatform.env.go.jp/）。

日本企業等によるグリーンボンド等の発行実績

（2020年8月現在）

※外貨建て発行分については、1米ドル＝110円、1ユーロ＝135円、1豪ドル＝90円にて円換算
※各発行体HP等を基に環境省作成

（環境省「グリーンボンド発行促進プラットフォーム」から作成）

ターゲット 　7.b

2030年までに、各々の支援プログラムに沿って開発途上国、特に後発開発途上国及び小島嶼開発途上国、内陸開発途上国の全ての人々に現代的で持続可能なエネルギーサービスを供給できるよう、インフラ拡大と技術向上を行う

Part 8

働きがいも経済成長も

包摂的かつ持続可能な経済成長及びすべての
人々の完全かつ生産的な雇用と働きがいのある
人間らしい雇用（ディーセント・ワーク）を
促進する

障がい者を含む、誰にとっても働きやすい職場環境を整備しようと
する動きがある。特にコロナ禍が契機となり観光地で仕事をする
「ワーケーション」が注目されるようになった。働きやすい会社は社
員の定着につながり、持続可能な成長を遂げるだろう。

各国の状況に応じて、一人当たり経済成長率を持続させる。特に後発開発途上国は少なくとも年率7%の成長率を保つ

ターゲット 8.2

高付加価値セクターや労働集約型セクターに重点を置くことなどにより、多様化、技術向上及びイノベーションを通じた高いレベルの経済生産性を達成する

ターゲット 8.3 気づき

生産活動や適切な雇用創出、起業、創造性及びイノベーションを支援する開発重視型の政策を促進するとともに、金融サービスへのアクセス改善などを通じて中小零細企業の設立や成長を奨励する

インプット ソーシャル・インパクト・ボンドの活用を検討してみよう

SDGs ケーススタディ 市民の資金提供で中小企業が新ビジネスに進出

　ソーシャル・インパクト・ボンド（SIB）が少しずつ広がっている。地域活性化の手段として活用する地方自治体が増えており、国土交通省が「新たな官民連携手法をまちづくりに！　まちづくり×SIB」と題したシンポジウムを開いている（2020年は3月13日開催、国交省2020年2月12日報道発表）。

　SIBによる街づくりは、このターゲットと関係する。SIBは「中小零細企業の設立や成長を奨励する」からだ。

　具体的な事例を紹介する前にSIBについて解説したい。

　SIBは「行政の成果連動型支払い契約と民間資金の活用を組み合わせた官民連携手法」として紹介されることが多い。難しいので順番を追って説

明すると、「行政から事業を任された民間団体の運転資金を民間が提供する」。民間が2度出てきてややこしいので、初めの民間を「中小零細企業」として考えみよう。

　ある中小零細企業は、自治体に代わって「空き家を改修して地域の集会所を運営する」と考えていた。ただし、自治体から集会所の運営委託費をもらえるのは、集会所が無事に開業した後。中小零細企業には「空き家を改修して地域の役に立ちたい」という想いはあっても、改修のための資金が足りない。自治体にしても、集会所としての実績を確認してからでないと運営委託費を支払えない。

　こういうケースにおいて、最初の資金を民間が提供するのがSIBだ。民間は地域住民や地元企業でもいい。資金の提供者＝民間の出資者は、事業が成功すると報酬をもらえる。その報酬は行政が支払う。先ほどの例でいうと、自治体が中小零細企業に支払うはずだった集会所の運営委託費が、出資者にも支払われることになる。「成果連動型支払い契約」なので、事業の成績によって支払い額は違う。事業がうまくいけば、出資者は多くの報酬を得られる。

　中小零細企業は、「空き家問題を解決し、集会所を運営して地域に貢献したいです。だから出資してください」と地域住民や地元企業にお願いして資金を集める。そして無事に改修し、集会所の利用者が多ければ、自治体が地域住民や地元企業に報酬を支払う。

　自治体はSIBの活用によって、本当なら行政が担当するような公共性が高い事業を地元企業に担ってもらえる。しかも、空き家問題のような地域課題解決を企業に任せられ、その企業からの税収や雇用創出が期待でき、地域活性化につながる。ターゲットで言えば「雇用創出、起業、創造性及びイノベーションを支援する開発重視型の政策を促進」だ。集会所で働く人が2-3人であっても、地方にとっては貴重な雇用の受け皿となる。

　また、SIBは官民連携なので、企業は行政のお墨付きを得て資金を集められる。中小零細企業でも資金を得て、地域に貢献できる事業を始められ

る。しかも、出資者は地域の人や企業なので、お客さんにもなってくれる。

SIBは2010年に英国で発祥した。日本では滋賀県東近江市が有名だ。

2016年度に始まった東近江市版SIB事業は、地域課題の解決につながる事業を市民の資金で後押しする。まき割り作業による引きこもり者の就労支援、地域のお茶のブランド化、空き倉庫を改修したカフェの開業などの支援実績がある。

本家・英国をアレンジし、「東近江市版」として地域で使える仕組みにしている。若者の起業も支援した実績がある。地元の木材で作ったオモチャを売る事業を始めたい若者が、事業説明会を開き、市民に出資を募った。すると参加した高齢者が「これじゃだめだ」「こうしないと」と次々と言い始めたという。孫にオモチャを買ってあげるおじいちゃん、おばあちゃんの立場となってアドバイスをした。高齢者は出資者であると同時にオモチャの購入者だ。若者は説明会で"生のニーズ"を聞き、商品を改良した。その後、若者の会社が製作する積み木は海外でも話題となるまでになった。

社会課題解決事業で起業したり、中小零細企業が地域に貢献する事業に進出したりするにはリスクがある。少額であっても起業や事業化を後押しするのが東近江市版SIB事業だ。

市役所の山口美知子さんは「小商い（わずかな元手で細々と営む商売）でも、地方にはありがたい」と語っていた。地域には課題が山積し、行政だけでは解決が限界となっているからだ。SIBだと市民も自分のお金がどのように貢献したのかわかりやすい（日刊工業新聞2019年4月12日付）。

| アウトプット | 中小零細企業の地域貢献事業を少額出資でサポート |

ターゲット9.3でも、社会に貢献したい中小企業が資金を集める手段としてクラウドファンディングを紹介している。SIBもそうだが、新しい金融の仕組みを活用すると中小零細企業でも資金を調達し、社会課題解決事

業に進出できる。

　行政が関与するSIBは「公共性のある事業」「地域活性化」「地元企業」に関係する金融的手法だ。小さくても地元に新しい会社ができ、少人数でも雇用が生まれれば、地域にとってはありがたい。

　社会を大胆に変革するものばかりがイノベーションではない。小さくても地域社会にとっては大きな意味を持つイノベーションがあるはずだ。その担い手が中小零細企業であるかもしれない。資金が原因でイノベーションの芽が摘まれないよう、行政はSIBのような金融的手法でサポートできる。

空き家をカフェに改修し、地域住民の交流の場に（東近江市）

ターゲット　8.4

2030年までに、世界の消費と生産における資源効率を漸進的に改善させ、先進国主導の下、持続可能な消費と生産に関する10か年計画枠組みに従い、経済成長と環境悪化の分断を図る

2030年までに、若者や障害者を含む全ての男性及び女性の、完全かつ生産的な雇用及び働きがいのある人間らしい仕事、並びに同一労働同一賃金を達成する

インプット　障がい者を多様性の１つと捉える

SDGs　ケーススタディ　企業向け障がい者雇用支援サービス

　障がい者雇用促進法は、事業主に対し、常時雇用する従業員の一定割合（法定雇用率、民間企業の場合は2.2％）以上の障がい者を雇うことを義務づけている。厚生労働省の2019年の調査「障がい者雇用状況」によると、民間企業で雇用されている障がい者の数（雇用障がい者数）は前年比4.8％増の56万608.5人（短時間労働者は0.5人で計算）、実雇用率（常用労働者に占める障がい者の割合）は同0.06ポイント上昇の2.11％と、雇用障がい者数、実雇用率ともに過去最高を更新した。雇用障がい者数は16年連続、実雇用率は8年連続の過去最高となっている。

　企業の障がい者雇用への関心が年々、高まる中、法人向けに障がい者雇用を手助けするビジネスも盛んになっている。ダンウェイ（川崎市中原区）は、教育機関や企業の指導者が障がい者の能力を可視化して効果的な個別の人材育成カリキュラムをつくれるクラウドサービスを2020年7月に始めた。人によって異なる障害の状態や程度などを数値的に分析し、得意分野や苦手分野を把握。個々に適した人材育成計画や目標の策定が可能で、就労支援や障がい者雇用を進める企業の最適な人材配置、育成を支援する。

　具体的には指導者が障がい者の状況をクラウド上の規定フォーマットへ入力する仕組みで、フォーマット上に定めた各指標に対して、対象者の能力を数字で示し、大きく職業能力と生活自立力に分類される能力やスキル

を数値的に可視化する。これを基に得意分野や苦手分野を明確にして各段階に適した目標を設定し、達成に向けた効果的な個別の「カルテ」を作る。障がい者の障害の度合いは1人ずつ異なっており、よりカスタマイズされた人材育成計画を作成することで、障がい者の能力を最大限引き出すことが期待できる（日刊工業新聞2020年7月7日付）。

　D＆I（東京都千代田区）は、在宅で勤務する障がい者の雇用管理を効率化できるクラウドを活用したテレワークシステム「エンカククラウド」を開発し、2019年8月に運用を始めた。同システムは在宅勤務に必要な勤怠管理、体調把握、業務の進行状況がわかるタスク管理、障がい者が業務などの相談を行うためのチャットなど6つの機能を搭載。作業者が業務開始と終了時にネット上で出退勤を申告し、体調や気分の状態も答えてもらう。申告内容は企業の管理画面に表示され、誰が「体調が悪い」などが把握できる。作業者のパソコン画面を10分おきに保存することで作業の可視化や勤怠管理に役立つ。在宅勤務の実態をデータ収集し、雇用や業務見直しなどに役立ててもらうのが狙いだ（日刊工業新聞2019年8月8日付）。

　一方、最近、米国では自閉症や読字障害などの発達障害について、障害ではなく「個性」や「多様性の一環」として捉え、AIやデータサイエンティストなど高度IT人材として活用する動きがある。こうした捉え方は「神経の」を意味するneuroと「多様性」を意味するdiversityを組み合わせた新語「ニューロダイバーシティ」と呼ばれ、米IT企業の間で注目されつつあるという。障がい者雇用支援のウェブメディア「ミルマガジン」によると、ニューロダイバーシティとは「（発達障害を）あくまでも脳神経の状況が違うので、治療する必要はなく、周囲による少しの支援、協力、理解があれば、能力が開花される」とする考え方を指すという（ミルマガジン2019年10月24日付コラム）。

　発達障害を持つ労働者は高い集中力や並外れたIT能力を備えている場合があり、育成次第で世界的に不足気味の高度IT人材として活躍するポ

テンシャルがある。ミルマガジンでは、日本でも「高スキル人材育成を目指す就労移行支援事業所が現れている」とし、発達障がい者向けにウェブ開発講座などを持つKaien（カイエン、東京都新宿区）やAIやロボティクス学習支援に取り組むシャイニー（東京都墨田区）、IT・ウェブスキル支援に特化したアーネストキャリア（東京都千代田区）などを紹介している。日本のIT人材の需給が逼迫する中、こうした就労移行支援事業所が今後も増えていきそうだ。

アウトプット 障がい者を積極的に採用する

　ITスキルを教える就労移行支援事業所は企業とも積極的に連携している。法定雇用率を守るという義務としてだけではなく、個性的でポテンシャルの高い人材を獲得するという観点で一度、同事業所のドアをたたいてみてはいかがだろうか。

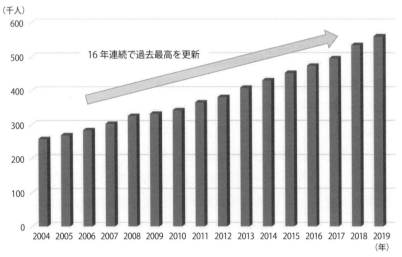

企業に雇用されている障害者の数

（千人）

16年連続で過去最高を更新

（厚生労働省「令和元年障害者雇用状況の集計結果」から作成）

ターゲット 8.6

2020年までに、就労、就学及び職業訓練のいずれも行っていない若者の割合を大幅に減らす

ターゲット 8.7

強制労働を根絶し、現代の奴隷制、人身売買を終わらせるための緊急かつ効果的な措置の実施、最悪な形態の児童労働の禁止及び撲滅を確保する。2025年までに児童兵士の募集と使用を含むあらゆる形態の児童労働を撲滅する

ターゲット 8.8 気 づ き

移住労働者、特に女性の移住労働者や不安定な雇用状態にある労働者など、全ての労働者の権利を保護し、安全・安心な労働環境を促進する

インプット 外国人労働者の人権に配慮しよう

SDGs ケーススタディ 海外に視点を向け、正しい環境を整備する

　日本で働く外国人が増えている。厚生労働省によると2019年10月時点で165万人となっており、10年前の3倍に増加した。

　1年前と比べても19万人増えた（前年同期比13.6％増）。また、外国人労働者を雇用する事業所数は24万カ所で、1年間で2万カ所以上の増加。日本国内の人手不足を背景に、外国人労働者が増えているようだ。現状でも採用を検討している事業者も多いことだろう。

　外国人を雇用する経営者は、人権への注意が必要となる。日本と海外では人権問題への認識にズレがあり、日本の感覚のままで配慮に欠くと、海外から「労働者の人権を侵害する企業」と批判される恐れがある。

　例えば、日本の職場で人権侵害と言えばハラスメント（嫌がらせ）が思

い浮かぶ。上司の罵倒（パワハラ）、仲間外れ（いじめ）、セクハラなどが日本社会では話題となり、職場でも対策が取り組まれていると思う。

海外企業では「人身売買」や「強制労働」への関心が高い。現代の日本ではどちらも「終わった問題」と思われがちだ。しかし、海外の常識からすると日本企業が人身売買や強制労働の"温床"とみられる事例もある。

例えば、外国人を単純に「安い労働力」と見てはいないだろうか。「日本人よりも給料を抑えられる」という理由から外国人を雇用し、実際に支払う給料も日本人よりも極端に低いと「低賃金で無理やり働かせている＝強制労働」だ。ターゲット8.5にある「働きがいのある人間らしい仕事、並びに同一労働同一賃金」にも反する。

日本は独自の外国人技能実習制度で建設業や食品工場、介護分野などで外国人を受け入れている。この制度に対し、安価な労働力確保として国内外で批判の声もある。

外国人労働者だから「きつい・きたない・危険の3K労働に従事させる」という考え方も許されない。劣悪な環境での労働も人権無視の行為だ。外国人労働者が職場から失踪する理由に、劣悪な職場環境が挙げられることがある。

また、来日した外国人労働者が、海外の代理人（エージェント）や「送り出し機関」に手数料を支払う行為も人身売買とみなされる危険がある。来日後も手数料を支払い続ければ、借金返済のため働かせている強制労働と同じ。日本企業が、労働者が代理人に手数料を支払ったと知らなくても、海外からは「人身売買に加担した」と映る。企業の影響力が強いと考えるためだ。

企業と労働者の両方から手数料をとる悪質代理人も存在する。さらにブローカーが何人も介在し、金銭が二重、三重とやりとりされる場合もあるが、日本企業は代理人の不正にまで注意が向かないようだ。

外国人労働者の雇用をめぐる人権問題を防ごうと、日本のNGO「ザ・グローバル・アライアンス・フォー・サステイナブル・サプライチェーン

（ASSC）」は2020年4月、「東京宣言2020」を発表した。

「宣言」という名だが、日本企業が順守すべきポイントとして読める。13項目あり、宣言3では「外国人労働者に採用手数料および関連する費用を負担させてはなりません」と明確に書いている。

他にも、宣言6で「外国人労働者の身分証明書は本人が管理可能」、宣言10で「寄宿舎などからの外出を制限しない」、宣言13で「渡航費は使用者が支払う」など、具体策が書き込まれている。ASSCの森翔人理事は「企業から活用できる宣言にしてほしいと要望があり、行動を起こせる文章にした」と語る。外国人労働者の受け入れに不慣れな企業も宣言を参考にすると、思わぬ人権侵害を回避できる。

ASSCは労働問題の専門家らが2017年に設立し、CSRの動向に詳しい藤井敏彦内閣審議官が名誉顧問を務める。味の素や帝人、トヨタ自動車、イオンなどが会員。東京宣言には、トヨタ自動車やアシックスなどが賛同した。

森理事は大企業に対し、自社のサプライヤーにも宣言を紹介してほしいと話す。中小規模のサプライヤーも宣言を参考にすれば、適切な対応を理解できる。大企業もサプライチェーンから人権侵害のリスクを排除できる。

海外では大企業のサプライチェーンにおける人権侵害に厳しい目が向けられている。途上国の生産委託先で、低賃金・長時間などの過酷な労働が横行しているからだ。2013年にはバングラデシュの首都ダッカ近郊の縫製工場が入ったビル「ラナ・プラザ」が崩落し、死者が1000人を超える最悪の惨事となった。このビルは、先進国のファッションブランドの生産を支えるために集められた労働者が詰め込まれて働かされていた。事故後、過酷な労働実態が明らかになり、ファッションブランドが非難された。

ラナ・プラザ事故も契機の1つとなり、英国で2015年、サプライチェーンから人身売買や強制労働の排除を求める「現代奴隷法」が施行された。海外では労働者の人権保護への意識が高まっており、改善が進むだろう。一方、日本では人身売買や強制労働はないと思い込み、低賃金労働

や3K労働が見直されなかったらどうだろう。日本で働きたいと思う外国人労働者が減るかもしれない。そうなると将来、労働力不足がさらに深刻化し、日本の国力は衰える（ザ・グローバル・アライアンス・フォー・サステイナブル・サプライチェーンの「ASSC東京宣言2020」、日刊工業新聞2020年5月29日付）。

| アウトプット | **外国人労働者に選ばれる職場・国を目指そう** |

　東京宣言はわかりやすくポイントが示されており、参考にしてほしい。外国人労働者の人権に配慮することは、思わぬ形で「人権侵害に加担する企業」と非難されるリスクを回避できる。

　それだけが効果ではない。外国人労働者に働きやすい職場を提供すれば、労働力の安定的な確保につながり、優秀な人材が定着してくれれば企業成長にも結びつく。

　英国現代奴隷法の影響もあって、取引先である大企業がサプライチェーンの人権問題に神経をとがらせているかもしれない。中小企業も東京宣言を読んでおくと、大企業に人権配慮を求められた時に対応しやすい。外国人労働者への人権配慮は労働力確保とともに、大企業との取引継続にも効果がある。

外国人労働者の人権保護の原則「東京宣言2020」（抜粋、要約）

宣言3：外国人労働者に採用手数料および関連する費用を負担させてはいけない

宣言6：外国人労働者の身分証明書などは、いかなる場合も労働者本人が管理可能

宣言10：外国人労働者は寄宿舎などから自由に外出することを制限されない

宣言11：外国人労働者の自由意思による転職、退職を尊重

ターゲット 8.9 　活動のレベルアップ

2030年までに、雇用創出、地方の文化振興・産品販促につながる持続可能な観光業を促進するための政策を立案し実施する

インプット　私生活と仕事の両方を充実させる

SDGs ケーススタディ　ワーケーションを検討しよう

　新型コロナウイルスの大流行をきっかけに、テレワークによる在宅勤務を初体験した人も多いと思う。まだ不慣れという人が少なくない中で、カルビーは2020年7月1日から在宅勤務を標準にした。東京都千代田区の本社などオフィス勤務者800人が対象だ。

　同社は2017年から日数を制限せずにテレワークを導入していた。新型コロナ感染対策として2020年3月から原則在宅勤務としていたが、そのまま7月以降は「会社に行かないこと」を標準とした。出社するのは創造性や効率性の向上、直接の意思疎通が必要な場合。フレックス勤務のコアタイムを廃止し、柔軟な働き方も推進する。出社率は30％前後が目安という。また、テレワークで業務に支障がなければ単身赴任も解除する。コロナ禍が契機となった「思い切った働き方改革」の好例だろう。（カルビー2020年6月25日リリース）。

　地方への移住も話題となった。人口の多い都市部は新型コロナ感染者も多かった。通勤電車、オフィス、エレベーター、昼食や懇親会など都市には人の密集する場が多く、感染リスクが高い。テレワークによる在宅勤務ができるなら、都市から離れた場所に生活基盤を移したいと考える人が増えているようだ。感染症対策がきっかけとなり、結果的に地方移住者が増えるとターゲット8.9や12.bにある「地方振興」に貢献できる。

　コロナ禍が契機となった「働き方改革」として、「ワーケーション」も注目されるようになった。

このワーケーションとは「work（働く）」と「vacation（休暇）」を合わせた造語だ。リゾート地などの自然環境の良い場所で、休暇を兼ねながらテレワークをする労働形態をいう。完全な休暇ではないが、テレワークによる仕事の合間に余暇気分を楽しめる。心身ともリフレッシュしながら仕事ができそうだ。

新型コロナによって訪日外国人が激減し、地方の観光地は苦境に立たされている。新型コロナ感染対策と働き方改革を兼ね、都市部の企業がワーケーションを実践するとターゲット「地方の文化振興・産品販促につながる持続可能な観光業」に貢献できる。

先行して取り組んできた企業もある。JALは2017年7月12日、「ワーケーションなど新たな働き方に取り組みます」というリリースを発表している。期間は7、8月の2カ月で、子どもの夏休みや帰省の季節に合わせた実施によって社員の旅行の機会を増やし、家族と過ごす時間も確保しやすくする。また、地方のイベントへの参加で地域活性化の一助にもなるとしている。

また、三菱地所は2019年5月から和歌山県白浜町、2020年7月から長野県軽井沢町でワーケーション用オフィスを提供している。東京・丸の内を中心とした同社のオフィスビルの入居企業などに利用してもらう。入居企業の従業員の働き方改革と同時に、地域の活性化にも貢献する。これは「ワーケーション関連ビジネス」と言えそうだ。

行政も支援している。2019年11月には65自治体が参加してワーケーション自治体協議会が発足した。また、環境省は全国34カ所の国立公園でのワーケーションを企業に呼びかけている。公園内に宿泊施設がある立地を生かした試みだ。2020年度補正予算で宿泊施設へのWi-Fiなどのネット環境整備を後押しする。

アウトプット　**ワーケーション（働く＋休暇）で働き方改革と地方の観光に貢献**

　観光気分での仕事は心身への負担が少なそうだ。長期出張なのかもしれないが、宿泊する土地の良さを理解できる。家族も喜んでくれる。同僚と行けばチームワークが深まったり、新しいアイデアが生まれたりするだろう。学生の合宿に近いのかもしれない。文豪が温泉地に長く滞在したのも、リフレッシュと執筆への集中の両方のメリットがあったからだろう。

　企業はワーケーションを制度化することで、ゴール8の重要テーマである「働きがいのある人間らしい雇用」を従業員に提供できる。同時にターゲットにある「地域振興、持続可能な観光業」にも貢献できる。

　地方の企業も、ワーケーションでやってきた大企業との連携が生まれる可能性がある。もしくはオフィスの貸し出しで新たな利益を創出できる。新型コロナ感染対策がきっかけかもしれないが、ワーケーションをSDGsの推進や新規ビジネスのチャンスにできそうだ。

三菱地所の長野県軽井沢町のワーケーション用オフィス
「WORK × ation Site（ワーケーションサイト）軽井沢」

（三菱地所提供）

国内の金融機関の能力を強化し、全ての人々の銀行取引、保険及び金融サービスへのアクセスを促進・拡大する

後発開発途上国への貿易関連技術支援のための拡大統合フレームワーク（EIF）などを通じた支援を含む、開発途上国、特に後発開発途上国に対する貿易のための援助を拡大する

2020年までに、若年雇用のための世界的戦略及び国際労働機関（ILO）の仕事に関する世界協定の実施を展開・運用化する

フィンランド大使館 広報部プロジェクトコーディネーター

堀内都喜子氏に聞く
「柔軟な働き方 北欧に学ぶ」

法整備、進む在宅勤務。
日本は優秀人材確保へ対策を

　SDGsは「目標8」で人間らしい適度な働き方の実現を推奨する。日本は新型コロナウイルス禍で在宅勤務など柔軟な働き方が普及してきたが、SDGs先進国の北欧諸国と比べるとまだ差は開いている。年初に発刊した『フィンランド人はなぜ午後4時に仕事が終わるのか』が4万5000部・10刷のヒットを遂げているフィンランド大使館広報部の堀内都喜子プロジェクトコーディネーターに、フィンランドの視点から日本へのアドバイスを聞いた。（松本麻木乃）

―フィンランドは柔軟な働き方が浸透している印象ですが、状況はいかがですか。

　「コロナ前から週に1度以上、在宅勤務をする人は3割いた。コロナ流行後は、6割の人が在宅勤務に移行したとの統計がある。肌感覚では、在宅が可能な職種の人はほぼすべて在宅勤務に移行している」

―元々、柔軟な働き方の文化があったのでしょうか。

　「フィンランドも最初から今のような働き方ができたわけではない。1970年代に女性の社会進出が進み、保育園の整備を含む子育てと仕事の両立を促す環境が徐々に整えられ、1990年代に在宅勤務など就労時間や場所の柔軟性を認める法律が整備された。そして2000年代以降に、法律に基づく柔軟な働き方が普及していった」

―著書のタイトルにあるように、短時間で仕事を終えられるのはなぜですか。

「4時に帰る前提で1日のスケジュールを立てるからだろう。例えば3時に会議を入れると、長引いて4時に帰れない恐れがあるため、会議はできるだけ午前中など早い時間帯に入れる。お尻（終業時間）を意識することは、生産性を上げる一つのカギになる」

「残業が簡単にできない就労規則もあるだろう。残業をする際は前もって上司の許可が必要な場合が多い。上司の方は残業を損失（コスト）と捉えており、簡単に認めない」

―フィンランドの視点から日本に助言は。

「日本は社員が企業の制度に合わせているが、フィンランドは企業が社員の生活スタイルに合わせている。日本より転職が盛んなため、魅力的な労働環境を整えないと社員に転職されるリスクがあることが背景にある。単純比較はできないが、少子化の中、優秀な労働者を確保するには日本も柔軟な働き方が不可欠ではないか」

「フィンランドは資源に乏しく、人材が最大の資源という考え方をする。これまでは欧州一働きやすい国を目指していたが、今の内閣は世界一を目指し、世界中から優秀な人材を惹きつける方針だ。同じく資源に乏しい日本にとって参考に値する国と言えるのではないだろうか」

（日刊工業新聞2020年7月31日付5面記事転載）

Part 9

産業と技術革新の
基盤をつくろう

強靭（レジリエント）なインフラ構築、
包摂的かつ持続可能な産業化の促進及び
イノベーションの推進を図る

企業の多くが、技術による「持続可能な社会づくり」に貢献したい
と考えている。社会課題が山積する新興国・途上国には、技術力を
発揮できるチャンスがある。課題解決ビジネスへの進出に躊躇する
かもしれないが、新しい資金調達で突破しよう。

全ての人々に安価で公平なアクセスに重点を置いた経済発展と人間の福祉を支援するために、地域・越境インフラを含む質の高い、信頼でき、持続可能かつ強靭（レジリエント）なインフラを開発する

ターゲット　9.2　気づき

包摂的かつ持続可能な産業化を促進し、2030年までに各国の状況に応じて雇用及びGDPに占める産業セクターの割合を大幅に増加させる。後発開発途上国については同割合を倍増させる

インプット　「人手不足倒産」の解消と従業員の身体的負担の軽減

SDGs　ケーススタディ　生産の平準化、ロボット活用で人材定着

　2020年7月17日付「日刊工業新聞」で、「ロボットとSDGs」をテーマに記事を掲載した。筆者（松木）も取材をして気づきを得られた。

　ロボットと言えば、省人化（人件費抑制）などの合理化メリットを真っ先に思い浮かべてしまう。他にも安定した作業品質の確保など。自分が素人のせいか、製造業がロボットを導入する狙いとして、そのくらいしか想像していなかった。

　取材のため、ダイニチ工業の新潟市南区の工場を訪ねた。夏前というのに製造ラインには石油ファンヒーターが次々と流れていた。ヒーターが売れるのは冬。夏前に作ると在庫を抱えることになる。一般的に「在庫＝悪」であり、直近の販売実績に連動させて生産量を増減させる企業が多い。

　ただしこの生産方式だと、最も売れる冬にヒーターを大量生産するために従業員を一時的に増やす必要が出てくる。従業員に長時間労働を続けて

もらうような無理な勤務体制も生じてくる。

　ダイニチ工業は毎月の生産台数を一定にしており、夏の生産分は冬への「作りだめ」だ。平準化した生産だと従業員が働きやすい。協力会社も同じで、1年を通して安定した利益を見込める。

　ロボットも従業員への想いから導入してきた。2018年1月までに一部をのぞく主力製品のビス締めを自動化した。手作業の時代、従業員は1日数千回もビス締めをしており、腕への負担が大きかった。灯油タンクを成形するプレス機への材料セットも、同じ作業の繰り返しで身体に負荷がかかっており、2017年度にロボットへ切り替えた。完成品を箱に入れる工程にもロボットを採用した。

　繰り返しの作業を担当していた従業員は燃料電池などの新分野に配置した。ロボットの活用で身体への負担がかかる作業を減らし、工程の多い作業に人員を振り向けられた。従業員の満足度が高く、ここ10年の離職率は平均1.1％だ。

　「人手不足倒産」と言われるほど、人材不足は製造業にとって深刻な問題となっている。身体への負担が大きい作業をロボットに担わせ、つらい作業を理由にやめる従業員が減れば人手不足を解消できる。単純作業をロボットに任せ、創造性が求められる部署で働く人が増えれば、イノベーションも発揮しやすくなる。

　ターゲット9.1にある「経済発展と人間の福祉を支援」にロボット活用が該当すると思った。さらに人材定着による人手不足倒産の不安解消は、ターゲット9.2の「持続可能な産業化を促進」につながる。

> アウトプット　**ロボットの活用で人材確保、経営を持続化**

　同じ商品を作り続ける大量生産型の工場でロボット活用が進んでいる。合理化やコストダウンのメリットが生まれやすいからだ。

　多品種・少量の商品づくりをこなす中小企業だと、コストダウンだけ追求してもメリットを感じにくいかもしれない。そこで、身体への負担軽

減、創造性を発揮できる部署への人材配置など経済価値以外のメリットも検討してはどうだろう。従業員を想ったロボット導入は、自社の経営を持続可能にする一助となる。

ダイニチ工業は生産工程にロボットを導入

ターゲット 9.3 気 づ き

特に開発途上国における小規模の製造業その他の企業の、安価な資金貸付などの金融サービスやバリューチェーン及び市場への統合へのアクセスを拡大する

インプット クラウドファンディングを検討しよう

SDGs ケーススタディ 先にニーズと資金を集め、リスクの少ない仕組みを

クラウドファンディング（クラファン）が盛んだ。インターネットで情

報を発信して共感した人から活動資金を獲得する手法が、社会に貢献した人たちの想いと合致しているからだ。

　そのクラファンで主流なのが、商品を作りたい人や企業が制作費を募る手法。資金集めに成功した人や企業は商品を製造し、出資者に商品を販売する。「ネット通販」というとイメージしやすい。

　ターゲットの「開発途上国における小規模の製造業その他の企業」を、地元経済を支える中小企業に置き換えてみたい。

＜とある中小企業で起きた架空のお話＞

　中小企業・夕陽丘製作所（架空）は大手企業の下請けとして部品を作ってきたが、地元農家からのリクエストで枝豆収穫ロボットの開発に挑戦することになった。見積もりをしてみると材料費がかさみ、1台が高価。20台を製造すると何とかコストダウンができ、農家が求める予算の範囲に収まる。夕陽丘製作所も赤字は避けられそう。ただし、20台を作っても売れないと在庫になって困る。そこでクラファンを利用することにした。

　枝豆収穫ロボットで収穫作業の負担が軽くなることをインターネットで訴求し、20台分の製造資金を目標額として設定。購入したい農家から資金を集め、目標額に達した時点でクラファン終了。製造し、無事に農家に届けた。

　クラファンの利用によって、最初に依頼してきた農家に枝豆収穫ロボットを使ってもらえた。それだけにとどまらず、合計20台を販売できた。しかも、夕陽丘製作所は自社ブランドの商品を手がけることができた。

　あくまで架空の話だが、クラファンによって技術革新に挑戦できる可能性が広がると思う。

　クラファンは「ネット通販」型だけではない。出資した事業が成功すると利益の一部（配当）を受け取れる「ファンド型クラファン」もある。出資者は投資家であり、出資金を増やすことができる。

ミュージックセキュリティーズ（東京都千代田区）は集まった資金の半分を寄付、半分をファンドに投資する「ファンド型クラファン」を提供する。出資者は支援する企業や事業を選び、寄付で初期を支え、その後10年間は投資家として応援して配当を得る。2011年の東日本大震災後、岩手県陸前高田市のしょうゆ会社もファンドの支援を受け、工場再建を果たした。

　ネット通販型クラファンだと、出資者と企業の関係は商品を受け取った時点で終わる。ファンド型クラファンなら出資者は長期間、企業と関係を持てる。寄付も付いたミュージックセキュリティーズのファンド型クラファンなら、出資者は寄付によって社会貢献もできる。

　ここまで見てきたように、クラファンと言っても形態はさまざまだが、個人が資金によって企業を応援できる仕組みであることが革新的だ。中小企業は資金を集める方法は限られ、ほとんどの場合は地銀や信用金庫からの借り入れ（融資）だ。大企業のように社債や株式の発行で市場（多数の人）から大量に資金を集めるチャンスは少ない。

　新しい技術を開発し、成長が期待できる中小企業なら投資ファンドから資金を獲得できる。ただし、経済的リターン（配当）を重視する投資ファンドが多く、中小企業は事業を成功させて配当を出すことを強く求められる。それがプレッシャーとなり、事業に専念できないまま中途半端な状態で商品を売り出し、鳴かず飛ばずで事業が失敗するケースもある。

　中小企業にとってクラファンは融資や投資ファンド以外の資金調達の手段となる。しかも個人から資金を呼び込める。さらにミュージックセキュリティーズの寄付が付いたファンド型クラファンなら社会貢献の側面からも支援してもらえる。

　新しい技術や商品を開発し、地域の課題を解決したい中小企業が増えている。ただし、新規事業を始めたくても資金に余裕のない企業も少なくない。少額であっても資金を調達でき、多くの人に応援してもらえるクラファンの活用も検討してみたらどうだろう。

アウトプット　**社会貢献への想い、情熱で資金調達。個人からの応援で
事業推進**

　2019年に大阪で開かれた主要20カ国・地域首脳会議（G20サミット）
で、SDGs達成のために民間資金を動員する革新的資金調達が必要と首脳
宣言に盛り込まれた。

　また金融機関には、社会を良い方向に向かわせる資金の使い方（投融
資）が求められるようになってきた。最近、登場した専門用語で言えば
「インパクト投資」だ。地域活性化や子どもの貧困対策など社会解決に取
り組む企業や事業に投資し、経済的リターンとともに社会的成果も生む投
資をいう。

　社会課題解決に貢献できる技術や商品を開発したい企業にとって、G20
サミットの首脳宣言やインパクト投資は資金調達の追い風だ。インター
ネットを活用して資金を得るクラファンの普及も心強い。

　もちろん社会や個人から応援してもらえる会社でないと、クラファンを
使ったとしても資金を獲得できない。理念や情熱が伝われば、少額であっ
ても資金を調達でき、新しい技術や事業に挑戦できる。クラファンでの資
金調達は、自分の想いが社会に届くかどうかを試す場でもある。

　少額の資金調達で地域課題解決を始める事例をターゲット8.3でも紹介
している。参考にしてほしい。

2030年までに、資源利用効率の向上とクリーン技術及び環境に配慮した技術・産業プロセスの導入拡大を通じたインフラ改良や産業改善により、持続可能性を向上させる。全ての国々は各国の能力に応じた取組を行う

インプット　相手国のニーズを見極めた貢献を考えよう

SDGs　ケーススタディ　国連組織のサポートを得て海外進出

　日本には途上国の持続可能性向上に役立つ技術が多い。最新鋭・最先端でなくても、途上国のインフラ改良、産業改善に貢献する技術があるはずだ。そうした技術を持つ企業に勧めたいのが、国連工業開発機関（UNIDO）東京事務所の「サステナブル技術普及プラットフォーム（STePP）」制度への登録だ。

　UNIDO東京事務所はSTePP登録技術を途上国に紹介している。登録技術は企業から募集している。申請や訪問審査を受けるなど一定のハードルはあるが、中小企業にはメリットが大きいと思う。UNIDO東京事務所が英語の資料をつくり、途上国に紹介してくれるからだ。海外に営業拠点がなく、技術を英語でPRできる人材がいない中小企業でも、海外進出への道が開ける。しかも、UNIDOという国連組織から技術に“お墨付き”をもらえるので訴求力もある。

　STePPの登録対象の技術は、エネルギー関連（再生可能エネルギーや省エネルギーなど）、環境関連（汚染・廃棄物対策、リサイクルなど）、アグリビジネス関連（食品の加工・管理、生産性向上など）、保健衛生関連（上水道、トイレなど）。ターゲット9.4に書かれている技術や要求に合致する。

　UNIDO東京事務所は展示会でも登録技術を発信する。2019年8月、横

浜市で開催された第7回アフリカ開発会議（TICAD7）でも、登録企業を集めたUNIDOのブースを出展した。TICADは、経済成長でアフリカの貧困問題の解決を目指す国際会議。中小企業はアフリカ諸国の政府要人が多数来日した場で絶好のPR機会を得た。

この会場で、トロムソ（広島県尾道市）の装置に興味を示すアフリカ人が多かった。装置は、米を収穫後のもみ殻を押し固めて棒の形に形成する。できあがった「もみ殻棒」は、ボイラや釜に投入すると燃料となる。

アフリカの途上国では薪を燃料にする地域が多い。薪を集めるために木が切られすぎ、樹木が失われた地域もある。収穫後に捨てられていた廃棄物であるもみ殻を利用すれば、木を切らずに済む。灯油や石油などの化石燃料の使用抑制にもつながり、温室効果ガスの発生も抑える。また、化石燃料は価格高騰が起きるが、廃棄されていたもみ殻なら価格は安定しており、低所得者でも入手しやすい。

ターゲットの通り、クリーン技術導入を通じたインフラ改良になり、資源の消費を抑えるので、持続可能性の向上につながる。しかも、薪を燃料とする発展途上国の実情に合っており、「各国の能力に応じた取組」でもある。

トロムソは造船で培った技術を生かし、装置を開発した。STePP登録技術としてアフリカに紹介され、受注実績がある。

ターゲット11.6にも、途上国の環境改善に挑む日本のITベンチャーを紹介しているので、あわせて読んでほしい。

アウトプット　枯れた技術でも海外展開のチャンス。固定概念を捨てよう

日本では進化が途絶えた"枯れた技術"であっても、海外で役立つ可能性がある。日本と新興国・途上国では市場環境が違い、まったく新しい用途が見つかるかもしれない。日本で燃料と言えば、灯油や石油、ガソリン、石炭だが、海外では薪の地域もある。

「エネルギー関連での国際貢献」と言えば、「発電所を建設して電線を敷

設して」と日本のような電力網の整備を想像しがち。日本の家庭ほどエネルギーを必要としておらず、もみ殻で十分なエネルギーを確保できる地域もある。

　発想の転換かもしれないが、「日本ならこうだ」という固定概念を捨てると既存技術で海外進出できそうだ。こうした「真のニーズ」は、UNIDO東京事務所のような専門家集団に相談してみるのが良いだろう。

STePP 登録技術の対象分野

□**エネルギー関連技術**
- 再生可能エネルギー（例：太陽光発電、小水力発電、風力発電）
- 省／蓄エネルギー（例：コージェネレーション、蓄電池）
- 未利用資源の活用（高効率・低排出の化石燃料利用技術）

□**環境関連技術**
- 環境汚染対策（例：水・土壌・大気の汚染防止）
- 廃棄物処理（例：産業・一般廃棄物の処理）
- 循環型社会構築（例：3R（リユース・リデュース・リサイクル））

□**アグリビジネス関連技術**
- 食品・飲料バリューチェーン（例：食品・飲料の加工、品質管理）
  ※食品・飲料そのものを除く
- 生産性の向上（例：土壌改良剤）
- 気候変動への適応（例：ドロップ灌漑システム）
- 水資源の確保（淡水貯蔵システム、海水淡水化）

□**保健衛生関連技術**　　※医薬品、人体への侵襲性の高い医療機器、民間療法等を除く
- 公衆衛生（例：上水道、トイレ、感染症予防）
- 健診および診断（例：途上国の遠隔地で必要とされる簡易的な診断機器）

（国際連合工業開発機関東京投資・技術移転促進事務所HPから作成）

ターゲット　9.5

2030年までにイノベーションを促進させることや100万人当たりの研究開発従事者数を大幅に増加させ、また官民研究開発の支出を拡大させるなど、開発途上国をはじめとする全ての国々の産業セクターにおける科学研究を促進し、技術能力を向上させる

ターゲット　9.a

アフリカ諸国、後発開発途上国、内陸開発途上国及び小島嶼開発途上国への金融・テクノロジー・技術の支援強化を通じて、開発途上国における持続可能かつ強靭（レジリエント）なインフラ開発を促進する

ターゲット　9.b　　新しいビジネス

産業の多様化や商品への付加価値創造などに資する政策環境の確保などを通じて、開発途上国の国内における技術開発、研究及びイノベーションを支援する

インプット　　途上国の課題解決に貢献できるビジネスを検討しよう

SDGs　ケーススタディ　活用すべき、国際協力機構の手厚いサポート

　国際協力機構（JICA）は「中小企業・SDGsビジネス支援事業」を展開している。途上国が抱える開発課題と、日本企業の製品・技術のマッチング支援が目的。企業は事業の企画書を提出し、JICAに採択してもらうと業務委託の形態で850万円から1億円までの費用支援を受けられる（インフラ整備など大規模案件は最大2億円）。JICAは2018年度までに784件を採択した。

　JICAによると採択した企業の所在地は関東、関西、四国、中国、九州・沖縄を合わせた関西以西など全国へ広がっている。

　さらに企業の参加を増やそうと、途上国の課題と、その課題解決に役立ちそうな製品・技術の具体例も示している。

　「環境・エネルギー」であれば再生可能エネルギー発電、バイオトイレ、雨量監視システム、ダム管理など。「廃棄物処理」なら有機ゴミ処理技術、都市ごみ埋め立て地再生技術、医療廃棄物処理、廃プラスチック燃化技術など。

　他に「水の浄化・水処理」「職業訓練・産業育成」「福祉」「農業」「保

健・医療」「教育」「防災・災害対策」もある。「福祉」であれば車いす、リハビリ用品、介護機材、点字携帯端末機、点字プリンターが求められる製品・技術として例示されている。「防災・災害対策」は警報機、仮設用照明器具、災害救助用機材など。課題解決に役立ちそうな製品・技術の具体例を見ると、自分の会社もJICAの中小企業・SDGsビジネス支援事業に申し込めると思えてくるのではないだろうか。

　JICAは他にも途上国での課題解決ビジネスを支援している。JICAインド事務所は、日本企業とインドの社会的企業の連携促進を目的とする「SDGsビジネス共創ラボ―つながるラボ―」を設立した。課題解決を目的に起業した現地企業（インド社会的企業）と日本企業とのマッチングの場だ。2020年6月時点でインドの社会的企業は300社、日本側はAGC、博報堂、ユニ・チャームなど23社が登録済みだ。

　インド300社の事業は水、農業、保健、クリーンエネルギー、教育、金融の6分野に分けられる。日本側にも同じ分野で強みを持つ企業も参加するが、同じ分野でマッチングさせるだけが「つながるラボ」の狙いではない。お互いが弱い部分を補完し合うことで、連携を強固にする。

　例えば、日本企業はインドの都市部で販売網を持っていたとしても、農村部にも進出できているとは限らない。貧困層向けにサービスを提供しているインドの社会的企業と組むことで、日本企業は農村部でも販路を持つことができる。インド企業も日本企業の商品を紹介することで貧困層の課題解決に貢献できる。それぞれの事業分野が異なったとしても、連携によってお互いの目的を達成できる。

　インドでは社会的企業が次々と誕生している。そして、欧州の投資家を中心に、インドの社会課題解決を応援しようと社会的企業に投資している。社会貢献を支援する投資は「インパクト投資」と呼ばれ、日本でも機運が醸成されつつある。しかし、投資した企業が成長する保証はなく、欧州ほど積極的な投資とはなっていない。

　JICAインド事務所のつながるラボだと、日本企業は連携によってじっ

くりとインドの社会的企業と付き合える。いきなりの投資には消極的で
も、事業で支援して信頼が生まれれば、いずれ投資に発展する可能性もあ
る。そして、投資したインド企業が成長すれば、日本企業もインドで一緒
に成長できる。つながるラボは日本企業の参加を受け付けている。

アウトプット　途上国への進出で技術貢献

　ターゲット9.bは「開発途上国の国内における技術開発、研究及びイノ
ベーションを支援する」となっている。中小企業・SDGsビジネス支援事
業で紹介したように、途上国の課題解決に役立ちそうな製品・技術は日本
に多い。必ずしも新しい技術がなくても、途上国のイノベーションを支援
できるはずだ。中小企業・SDGsビジネス支援事業に企画書を出し、自社
の製品・技術が現地のニーズに合致するか、JICAと一緒に検討してはど
うだろう。

　JICAインド事務所の「つながるラボ」にしても、現地で連携する企業
が見つかれば、イノベーションに貢献できそうだ。その連携先は大手企業
とは限らない。課題を熟知した中小の社会的企業との連携も選択肢だろう。

国際協力機構「中小企業・SDGsビジネス支援事業」の概要

		基礎調査	案件化調査	普及・実証・ビジネス化事業
	概要	基礎情報の収集・分析（数カ月〜1年程度）	技術・製品・ノウハウ等の活用可能性を検討し、ビジネスモデルの素案を策定（数カ月〜1年程度）	技術・製品やビジネスモデルの検証。普及活動を通じ、事業計画案を策定（1〜3年程度）
原則 中小・中堅企業	中小企業支援型	中小企業支援型（850〜980万円）※中堅企業は対象外	中小企業支援型（3〜5千万円）	中小企業支援型（1〜2億円）
原則 大企業	SDGsビジネス支援型	なし	SDGsビジネス支援型（850万円）	SDGsビジネス支援型（5千万円）

（国際協力機構の資料から作成）

後発開発途上国において情報通信技術へのアクセスを大幅に向上させ、2020年までに普遍的かつ安価なインターネットアクセスを提供できるよう図る

Part 10

人や国の不平等をなくそう

国内及び各国家間の不平等を是正する

女性やLGBTなど既存の男性中心ではない多様性（ダイバーシティ）を重視する企業が増えつつある。「人の不平等をなくす」取り組みは、企業にとって人助けではなく、多様な視点からビジネスを見つめ直し、新市場を見つけるチャンスになる。

2030年までに、各国の所得下位40％の所得成長率について、国内平均を上回る数値を漸進的に達成し、持続させる

インプット　安定した雇用の場を確保する

SDGs　ケーススタディ　コロナ禍で内定取り消しの学生を救済採用

　総務省の「労働力調査」（2020年6月分）によると、日本の就業者数は6670万人で、このうち非正規の職員・従業員が約3割の2044万人を占める。このターゲットでは、低賃金の労働者の所得水準の引き上げも含まれるため、日本においては非正規社員ではなく正社員を積極的に採用することが具体的な活動になるだろう。

　新型コロナウイルスの感染拡大で雇用環境は急速に悪化している。厚生労働省は、新型コロナに関連した解雇・雇い止めにあった人の数は2020年8月14日時点で4万5650人（見込み含む）いたと発表した。6月末時点では3万人弱だったのが、1カ月半で1万5000人以上増加している。日本は新卒を重宝する傾向があり、就職活動をする時期が不景気に当たると、正社員で就職できず、後々まで非正規のままが続くということもよくあるケースだ。こうした就職時期の学生の不遇を救おうと動きだしている企業がある。

　フォーラムエンジニアリングは、顧客の製造業者向けに派遣するエンジニアの正社員として、2021年卒の学生に限って最大500人を採用する。コロナ禍の不況への警戒感を背景に製造業者が定期採用を縮小したり中止したりする懸念が広がる中で、優秀な理工系学生が正社員のエンジニアとしてキャリアを始められる環境を下支えするのが狙いだ。同社が新卒採用をするのは4年ぶりという（日刊工業新聞2020年7月1日付）。

　内定を取り消された学生を受け入れる企業もある。Genky DrugStores

の子会社のゲンキー（福井県坂井市）は、新型コロナの影響で他社内定が取り消された新卒学生を対象に採用活動を行うと2020年3月に発表した。30人程度を採用する予定で、採用後は福井、石川、愛知、岐阜の各県の食料品・ドラッグストア店舗に配属する。同社は、2020年春入社予定で280人の新卒者を採用済みという（日刊工業新聞2020年3月17日付）。

　松屋フーズやライフコーポレーション、モスバーガーのモスフードサービスなども内定取り消しの学生を対象に「救済採用」を表明した。まさにコロナ禍の新卒採用市場は「捨てる神あれば拾う神あり」の様相を呈している。

| アウトプット | 正社員の積極採用 |

　一部の人材系の情報サイトには、内定取り消しの学生を救う会社は「不景気に強いとアピールできる」と書かれていた。一理あるだろう。加えて、安定した雇用機会の提供を通じ、SDGsにも取り組んでいると宣言できる。

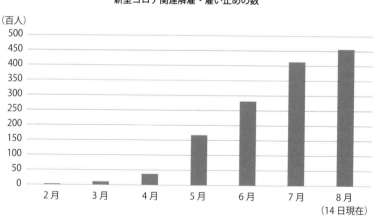

新型コロナ関連解雇・雇い止めの数

（厚生労働省職業安定局、見込みを含んだ各月末の数、2-4月は同局へのヒアリングを基に作成）

2030年までに、年齢、性別、障害、人種、民族、出自、宗教、あるいは経済的地位その他の状況に関わりなく、全ての人々の能力強化及び社会的、経済的及び政治的な包含を促進する

インプット　LGBTフレンドリー企業になる

SDGs ケーススタディ　外部の指標に基づき、LGBTに配慮した人事制度を導入する

　性的少数者（LGBT）が働きやすい環境を整備する企業が徐々に増えつつある。任意団体「ワーク・ウィズ・プライド（wwP）」が策定する企業・団体におけるLGBTの評価指標「PRIDE指標2019」では、最高評価「ゴールド」を受賞した企業数は製造業だけでも30社あった。IHIやオムロン、キリンホールディングス、LIXILなどが受賞している。

　wwPは、職場でのLGBTの理解促進に取り組む任意団体で、会社としてLGBTに関する方針を明文化しインターネットなどを通じて社内外に公表しているかや、LGBTの相談窓口の有無、同性パートナーにも福利厚生を適用するかなどを企業に問い、点数をつけて評価する。満点がゴールド、以下シルバー、ブロンズになっており、企業はゴールドを目指して徐々に会社の制度を改善している（『PRIDE指標2019レポート』）。評価項目はwwPのホームページに詳細が公開されており、LGBTに関する人事制度を整備したい企業は参照すると良いだろう。

　一方、社業を通じてLGBT支援に取り組む企業もある。JobRainbow（ジョブレインボー、東京都渋谷区）は、LGBTに特化した求人サイト「JobRainbow」の運用を2019年に始めた。サービス利用者は、自身の性的指向や配慮を要する事項などを登録することで条件に合う企業を検索できる（日刊工業新聞2019年3月12日付）。

178

「PRIDE 指標 2019」ゴールド受賞企業・団体一覧（製造業）

- 株式会社IHI
- 株式会社アシックス*
- MSD株式会社
- オムロン株式会社
- 川崎重工業株式会社
- キリンホールディングス株式会社*
- グラクソ・スミスクライン株式会社*
- コカ・コーラ ボトラーズジャパン株式会社*
- サントリーホールディングス株式会社*
- 三洋化成工業株式会社
- 株式会社JVCケンウッド
- ジョンソン・エンド・ジョンソン日本法人グループ
- ソニー株式会社*
- 株式会社ソニー・インタラクティブエンタテインメント
- ソニーグローバルマニュファクチャリング＆オペレーションズ株式会社
- ソニーセミコンダクタマニュファクチャリング株式会社
- ソニーテクノクリエイト株式会社
- ダイキン工業株式会社
- 田辺三菱製薬株式会社
- 日産自動車株式会社
- 日本たばこ産業株式会社
- ノバルティス ファーマ株式会社
- パナソニック株式会社
- 日立化成株式会社
- 富士通株式会社
- 株式会社ブリヂストン
- 三菱自動車工業株式会社
- 三星グループ*
- ヤマハ株式会社
- 株式会社LIXIL

＊はグループ会社での応募
※全業種では192社が受賞

（PRIDE指標運営委員会「PRIDE指標2019レポート」から作成）

このサイトには「おすすめのLGBTフレンドリー企業」と題したコーナーがあり、ベルシステム24や富士通、野村証券、メルカリなど32社の会社のロゴがホーム画面に表示されている（2020年8月20日アクセス）。一目で、どのような企業がLGBTを歓迎しているのかがわかり、掲載された企業にとってはPRの場となっている。

　丸井グループのエポスカード（東京都中野区）は、LGBTのアスリートや家族、サポーターが安心して集い交流するプロジェクト「プライドハウス東京」の趣旨に賛同する顧客を対象にしたクレジットカードを、2019年9月に発行した。発行料の500円がプライドハウス東京に寄付されるほか、カードにたまったポイントをプライドハウス東京に寄付することもできる。年会費は無料（日刊工業新聞2019年9月19日付）。LGBTに寄り添った企業の取り組みが増えることで、社会のLGBTへの理解が進み、最終的にはSDGsが目指す「誰一人取り残さない」社会にもつながることになる。

アウトプット　本業を通じて、LGBT を支援する

　電通ダイバーシティ・ラボによると、日本でLGBTに該当する人は8.9%と11人に1人存在するという（『LGBT調査2018』）。また日本のLGBT層の消費市場は5.9兆円と推測されている（『LGBT調査2015』）。LGBTを受け入れる人事制度を整えることで優秀なLGBTを獲得しやすくなるほか、LGBTにやさしい企業との認知度が高まれば、5.9兆円のマーケットをつかむことができる。さらにSDGsにもなる。

ターゲット　10.3　　ハラスメント防止

差別的な法律、政策及び慣行の撤廃、並びに適切な関連法規、政策、行動の促進などを通じて、機会均等を確保し、成果の不平等を是正する

インプット　産休・育休中も機会を均等に

SDGs　ケーススタディ　育休中の給与保障、周りの従業員への配慮も

　育児・介護休業法では事業主に対し、労働者の育児・介護休業後に原職または原職相当職に復帰させるよう配慮することを求めている。女性活躍を後押しする社会風潮もあり、企業が女性の育児休業後に原職に復帰させることは当たり前になりつつある。最近では休業後も経験豊かな女性をつなぎとめようと、企業はプラスαの制度を整えるところもある。

　大和証券グループ本社は2013年から産休・育休中の女性社員に対しても、休業前の業務成果をもとに、昇格できる仕組みを整えている。以前は産休・育休中の女性社員は昇格の対象ではなかった。同社の女性管理職の数は2019年6月末現在で565人となっており、女性管理職比率はグループで2004年度末の2.2%から11.5%（大和証券単体では2.3%から14.0%）と10%を超えるまで増加している。産休・育休中も昇格できるようにしたことが同社の女性管理職の増加に効果があったとの指摘がある（大和証券グループ本社HP 2020年8月18日アクセス）。

　手前みそで恐縮だが、この本の発行元である日刊工業新聞社は2017年夏季賞与から産休・育休中の女性社員にもボーナスを支給している。もらえる額はおおよそ平均支給額の3分の1。筆者（松本）は2018年1月から2019年4月まで産休・育休を取得し、2018年7月と同12月の2回、ボーナスをもらった。人事担当者によると、「ボーナスを支給することで、復職を促す狙いがある」という。

　フリマアプリのメルカリのように、ハローワークから交付される育児休

業給付金（休業前給与の約5-7割支給）に会社が上乗せし、給与100％を
保障する企業もある。

　一方、今後、課題となってくるのは、産休・育休中の女性だけでなく、
休業中の女性の仕事を割り振られた周りの社員への配慮だろう。マタハラ
問題に詳しいジャーナリストの小酒部さやか氏は育児中の女性を応援する
ウェブメディア「ママプレナーズ」のインタビューで、「（休業中の女性の
上司や同僚など）そういった人達にもきちんと目を向けて、その人達の仕
事の評価や負担感などを平等にしていき、不公平感がないようにしていく
という事までしてかないと、この問題（マタハラ）はなくならないと思
う」と語っている。

　実際、筆者も産休・育休に入った女性のいる部署の同僚から仕事の負担
が増えたとの愚痴を聞いたことがある。周りの負担が増えると、復職後の
女性を心から歓迎しづらくなってしまう。ターゲット10.3では「機会均
等を確保し、成果の不平等を是正する」と明記されているが、それは産
休・育休中の女性のみならず、その女性が休業することで影響を受ける上
司や同僚の機会均等にも配慮しなければ、誰かの犠牲の上で成り立つ目標
になってしまい、不完全な結果をもたらすことになる。

| アウトプット | 育休中の女性も昇格の対象にする

　都心を中心に晩婚化・晩産化が進み、今や第1子出生時の母親の平均年
齢は30歳を超えている。40代で初産を迎える人も珍しくない。そうなる
と、ちょうど脂が乗ってくる年齢で産休・育休に入る女性が増える。〝戦
力〟流出を食い止めるため、大和証券グループ本社とまではいかなくて
も、今後はいかに産休・育休中の女性に対しても、均等な機会を確保し、
魅力的な制度を用意するのかを競う時代になる。

ターゲット　10.4

税制、賃金、社会保障政策をはじめとする政策を導入し、平等の拡大を漸進的に達成する

ターゲット　10.5

世界金融市場と金融機関に対する規制とモニタリングを改善し、こうした規制の実施を強化する

ターゲット　10.6

地球規模の国際経済・金融制度の意思決定における開発途上国の参加や発言力を拡大させることにより、より効果的で信用力があり、説明責任のある正当な制度を実現する

ターゲット　10.7

計画に基づき良く管理された移民政策の実施などを通じて、秩序のとれた、安全で規則的かつ責任ある移住や流動性を促進する

ターゲット　10.a

世界貿易機関（WTO）協定に従い、開発途上国、特に後発開発途上国に対する特別かつ異なる待遇の原則を実施する

各国の国家計画やプログラムに従って、後発開発途上国、アフリカ諸国、小島嶼開発途上国及び内陸開発途上国を始めとする、ニーズが最も大きい国々への、政府開発援助（ODA）及び海外直接投資を含む資金の流入を促進する

インプット　途上国の開発に注目する

SDGs ケーススタディ　地球上、最後のフロンティアに挑む

　日本政府は1993年以降、アフリカ諸国の首脳陣と経済成長でアフリカの貧困問題の解決を目指す国際会議「アフリカ開発会議（TICAD）」を開催している。当初は5年に1度、日本で開かれていたが、2016年には初めてアフリカ（ケニア）で開催され（以後、日本と交互開催）、開催頻度も3年に1度に短縮された。回を重ねるごとに援助から投資への流れが鮮明となり、2019年に日本（横浜）で開催された第7回の会議「TICAD7」は、日本とアフリカ双方から多数の企業関係者が参加し、アフリカへの投資促進が主題となった。TICAD7を盛り上げようと、2019年はアフリカ支援に携わる日本の公的機関による経済交流イベントや情報発信が活発化した。

　国際協力機構（JICA）は日系のベンチャーキャピタル、サムライインキュベートアフリカや在エチオピア米国大使館などと組み、アフリカ東部のエチオピアでビジネスプランコンテストを実施した。2019年6月までの半年間にエチオピアの15都市で予選会を開催し、2000人を超える18-28歳の現地の若者が参加した。8月の決勝戦では、アフリカで調達できる部品で安価に3Dプリンターをつくることを提案したプランが1位となった。JICAとしてはイベントを通じ、若い起業家を発掘・育成するだけでなく、サムライインキュベートアフリカのような投資家を巻き込み、

アフリカへの投資促進を狙っている（日刊工業新聞2019年8月1日付）。

　一方、日本貿易振興機構（ジェトロ）はアフリカ9カ国（モロッコ、チュニジア、エジプト、エチオピア、ケニア、南アフリカ共和国、モザンビーク、ナイジェリア、コートジボワール）を対象にスタートアップ企業100社をリストアップし、ビジネスプランや会社概要を紹介するレポートを2019年2月に作成した。ジェトロのホームページで公開している。また「アフリカ・スタートアップ連携促進デスク」を設置し、アフリカのスタートアップと連携したい日本企業を対象に、現地の情報提供や現地企業の紹介などを行っている（ジェトロHP 2020年8月20日アクセス）。

　経済産業省は広報サイト「METI Journal」の2019年7月号で「アフリカビジネスの新戦略」と題した政策特集を組み、アフリカビジネスに特化したコンサルティング企業「アフリカビジネスパートナーズ」（東京都中央区）やアフリカの製造業・流通業向け営業マネジメントシステムを提供する「アフリカインキュベーター」（東京都大田区）などの話を取り上げている。アフリカ関連のビジネスを始めたい人は、まずJICAやジェトロ、経産省など公的機関にアクセスし、情報を得た上で戦略を練るといいだろう（https://meti-journal.jp/）。

アウトプット　公的機関を活用してアフリカに投資を

　アフリカは固定電話が普及する前に携帯電話が広まるなどの「リープフロッグ現象（蛙跳び・一足飛びの経済成長）」が起きており、爆発的な人口増加と相まってダイナミックに動いている。21世紀の終わりには世界人口の4割はアフリカ人が占めると予測されている。

　コロナ禍で一時的な停滞を余儀なくされているが、中長期的には地球上、最後のフロンティアとして注目を集めることは間違いない。少子高齢化による需要減に悩む日本企業にとっては、新市場として挑戦を試みるのも手だろう。

2030年までに、移住労働者による送金コストを3%未満に引き下げ、コストが5%を越える送金経路を撤廃する

SDGs

Part 11

住み続けられるまちづくりを

包摂的で安全かつ強靭（レジリエント）で
持続可能な都市及び人間居住を実現する

先進国の日本において住環境は途上国ほど課題を抱えているわけで
はない。だが、災害への備えや環境対策、安くても高品質な住宅を
供給しようとする企業努力が続いている。他社の事例から、自社で
もできることが見つかるかもしれない。

2030年までに、全ての人々の、適切、安全かつ安価な住宅及び基本的サービスへのアクセスを確保し、スラムを改善する

インプット　低価格住宅を提供する

SDGs　ケーススタディ　勉強会を立ち上げて、業界をけん引する

　都心を中心にマンション価格が高騰している。不動産経済研究所によると、2020年6月の首都圏新築マンションの1戸あたり平均価格は6389万円と、2014年の5060万円から5年半で1300万円以上、高くなっている。東京23区内では1億円以上の物件も多く、平均年収ぐらいの一般のサラリーマン世帯にとって新築マンションは手の届かない存在になりつつある。

　そこで近年、注目を集めるのが「ローコスト住宅」と呼ばれる安い戸建て住宅だ。不動産専門の情報サイト「mochiie」によると、一般的な住宅の建築費が坪単価50万-60万円に対し、ローコスト住宅は同30万-50万円と最大で2倍の価格差があるという。標準的な延べ床面積100平米ぐらいの住宅で、一般的な住宅が3000万円台に対し、ローコスト住宅は1000万円台で提供していることが多い。

　mochiieはローコスト住宅で人気の業者として、ヤマダ電機グループのヤマダレオハウス（東京都渋谷区）やアキュラホーム（東京都新宿区）、ヤマト住建（神戸市中央区）など11社を紹介している。このほか地方の工務店が独自でローコスト住宅を手がけているところもある。

　ただ、中には最初は安い価格を提示しても、後から「付帯工事費」や「諸経費」などと称して追加費用を請求し、最終的に安いとは言えない価格で提供する業者もあり、トラブルの原因となっている。業界では研究会を立ち上げて、「安かろう悪かろう」ではなく、「品質は高く、価格は安く」

を目指し、共同仕入れや共同広告などで価格を抑える工夫を施す業者もある。

「ハイグレードホーム研究会」はホームページを立ち上げ、「良いローコスト住宅メーカー六ヶ条」と題し、良い業者と悪い業者の見分け方を解説している。例えば、価格については「良心的な業者なら、最初から『建物の本体価格＋付帯工事費＋諸経費＝総額』を提示する」と説明する。資金計画では「（無理なローンを組みそうな場合は）そんなに借りない方がいいときちんと言ってくれる工務店を選ぼう」と呼びかけている。住宅メーカーを選定する際の１つの参考になるだろう。

一方、木造住宅の低価格化を目指し、動き出した企業もある。三菱地所は竹中工務店、製材品メーカーの山佐木材（鹿児島県肝付町）、建築用金属製品メーカーのケンテック（東京都千代田区）など６社と組み、共同で木造住宅事業や建築用木材を製造する新会社「MEC Industry（メックインダストリー）」を2020年１月に設立した。木材業界では、小規模事業者が川上から川下まで商品の製造段階ごとに売買を繰り返し、その都度、中間コストが生じ、木材価格が高くなる要因になっている。また中間業者が多いことで、最終消費者のニーズが商品開発に生かされないことも課題だ。

新会社は川上から川下まで１社で行うことで、低コスト化を実現し、ニーズに合った商品を開発する方針だ。住宅に関しては、工場である程度組み立てて工事現場に運ぶ「プレハブ式」で、間取りが決められた「規格型」の商品を開発し、100平米の平屋戸建てで「1000万円未満」の低価格帯を目指すという（日刊工業新聞2020年７月28日付）。三菱地所という影響力のある大手デベロッパーが動くことで、木造住宅が手頃な価格で手に入る時代が来るかもしれない。

アウトプット　他社と組んで、高品質・低コスト化を追求する

国土交通省がまとめた「建築着工統計調査報告」によると、2020年6

月の新設住宅着工戸数は前年同月比12.8%減の7万1101戸と新型コロナウイルス禍による景気停滞もあり、12カ月連続で前年割れとなった。

　2020年夏の民間企業の1人あたりボーナスは前年比9.2%減（みずほ総合研究所調べ）と落ち込み消費者の節約志向が強まる中、このターゲットで示す「全ての人々に安全かつ安価な住宅を確保する」ためには、ローコスト住宅メーカーの活躍に期待がかかる。価格に加え、勉強会を立ち上げた例のように、品質や安全性にも重点を置いて活動を行えば、さらにSDGsに沿った経営と言えるだろう。

MEC Industry が開発予定の木造住宅内観イメージ

（三菱地所提供）

ターゲット　11.2

2030年までに、脆弱な立場にある人々、女性、子供、障害者及び高齢者のニーズに特に配慮し、公共交通機関の拡大などを通じた交通の安全性改善により、全ての人々に、安全かつ安価で容易に利用できる、持続可能な輸送システムへのアクセスを提供する

ターゲット 11.3

2030年までに、包摂的かつ持続可能な都市化を促進し、全ての国々の
参加型、包摂的かつ持続可能な人間居住計画・管理の能力を強化する

ターゲット 11.4

世界の文化遺産及び自然遺産の保護・保全の努力を強化する

ターゲット 11.5

2030年までに、貧困層及び脆弱な立場にある人々の保護に焦点をあて
ながら、水関連災害などの災害による死者や被災者数を大幅に削減し、世
界の国内総生産比で直接的経済損失を大幅に減らす

ターゲット 11.6 新しいビジネス

2030年までに、大気の質及び一般並びにその他の廃棄物の管理に特別な注意を払うことによるものを含め、都市の一人当たりの環境上の悪影響を軽減する

インプット 途上国のごみ問題を解決しよう

SDGs ケーススタディ IT企業がアフリカのごみ問題解決に挑戦

　都市ができると生活を支える基盤が必要となる。電気、水、食品、交
通、医療など、人口増加に見合うインフラを整えないと都市機能を維持で
きなくなる。ごみの回収・処理も重要なインフラだ。
　アフリカ諸国では急速な人口増加と都市の出現に廃棄物回収が追いつい
ていない国がある。経済的に豊かになってスーパーマーケットができ、
ペットボトル飲料や日用品、食品などが売られるようになるほど使い終
わった容器も増え、ごみの発生量が増加する。空き地や川には廃棄物があ
ふれ、道の両脇にごみの山ができた街並みも珍しくない。

2002年創業のIT企業、ナンバーワンソリューションズ（東京都目黒区）は、アフリカの深刻なごみ問題の解決に挑む。2019年夏、同社の面来哲雄社長は中央アフリカのコンゴ民主共和国を訪ね、同国のチセケディ大統領に面会した。データをネットワーク上に分散保存するブロックチェーン技術を活用したごみ削減のアイデアを大統領に伝えると、歓迎された。来日した同国首都キンシャサ州知事と覚書を結び、2020年春から実証試験を始めることにした。

　ナンバーワンソリューションズはエンジニア70人が所属し、IT関係の受託開発を幅広く展開する。「ごみ問題解決」と言えば、廃棄物処理業やリサイクル業者の出番と思いがちだ。IT企業が解決に乗り出し、しかも大統領に直接、説明したのがユニークだ。

　大統領には、廃プラスチック製品を焼却施設まで運んだ市民に電子ポイントを付与するアイデアを提案した。市民はポイントを携帯電話で受け取り、店舗で買い物の支払いに使える。ポイント管理にブロックチェーンを活用することで、ポイントの不正な使用を防ぐ。

　コンゴ民主共和国は廃プラ発生量の25％しか回収できていない。一方、貧しい市民が多く、商品と交換できるポイント獲得は回収の動機づけになり、プラごみを率先して拾い、焼却施設まで運んでくれると見込む。

　市民に協力してもらう仕組みだと、市民1人1人が廃棄物問題に関心を持ってくれる。環境教育となり、ポイ捨てをやめて街のごみが減る期待もある。ターゲット11.6に書かれた「廃棄物の管理に特別な注意を払うことによるものを含め、都市の一人当たりの環境上の悪影響を軽減する」に合致する（ナンバーワンソリューションズ2020年1月6日リリース、日刊工業新聞2020年2月28日付）。

アウトプット　先端技術を生かし、異業種も参入

　設備投資を抑えられるのもナンバーワンソリューションズの提案のメリットの1つ。同社は日本製の焼却炉1基を現地に配置するだけで実証を

スタートできる。ごみ回収車を用意し、回収作業員を雇い、教育する手間や負担を省ける。異業種のIT企業だから、既存のごみ回収とは違う手段を思いついた。

ブロックチェーンは「先進国の技術」と思いがちだが、途上国でも受け入れられた。また、IT企業は廃棄物問題と関係が薄いと思われるが、異業種だからこそ、提案できる解決策がある。

「どの業種のどの企業がやる」といった固定概念を捨てると、新しいビジネスを獲得できる可能性が広がる。

ターゲット　11.7　　活動のレベルアップ

2030年までに、女性、子供、高齢者及び障害者を含め、人々に安全で包摂的かつ利用が容易な緑地や公共スペースへの普遍的アクセスを提供する

インプット　　災害時に自社の施設を地域に開放する

SDGs　ケーススタディ　自治体と災害時の協力協定を締結

災害が発生した際に自社の施設を地域に開放する意向を示す企業が増えている。住友不動産は2020年6月に改装オープンした「新宿住友ビル」のイベント場「三角広場」について、パブリックビューイングで日本選手団などを応援する場としてだけではなく、災害時には帰宅困難者を受け入れる方針だ。三角広場の延べ床面積は約3250平米で、天井高は最大25m。ガラス張りになっており、雨天でも利用できるのが特徴だ。商業のイベント時には最大約2000人を収容できるとうたっている。東京都庁のお膝元に立地し、同社は「地震などの有事が起こった際には帰宅困難者の一時滞在施設として2850人を受け入れる」と表明している。

中部ガスとガステックサービスを合併してできたサーラエナジー（愛知県豊橋市）は、2020年6月に開業した住宅関連のショールーム兼情報発

信拠点「サーラプラザ豊川」で、豊川市と締結した「災害時における退避施設利用に関する協定書」に基づき、地震などが発生した際には帰宅困難者を100人程度受け入れる。敷地内には非常用液化石油ガス（LPガス）供給設備や発電機、停電・断水時にも利用可能なマンホールトイレ、飲料水・食料、毛布などを備蓄し、常日頃からいざとなった場合には対応できる準備を整えている（サーラエナジーHP2020年8月3日アクセス）。

　大和ハウス工業は複数企業が入居できる大型物流施設「DPL岩手花巻」（2021年3月竣工予定）について、地元花巻市と「地震などの災害発生時における物資集積協力に関する協定書」を2020年7月に締結した。災害時に花巻市に協力し、支援物資の一時保管や集積場所として同施設を活用してもらう意向だ。DPL岩手花巻は敷地面積約2万7000平米、物流施設の延べ床面積は約1万4000平米。普段、物流施設の建物自体は顧客が占有していることから、敷地の空いたスペースを災害時には開放し、マスクや毛布などの物資を保管する場所として活用してもらうことを想定している。同社は2020年度にDPL岩手花巻のような複数企業が入居できるマルチテナント型の大型物流施設を約30棟着工する計画で、同施設の建設予

住友不動産が2020年6月に開業した「三角広場」
災害時には帰宅困難者を2850人受け入れる

定地のすべての地元自治体と同様の協力関係を築きたい方針だ。

　今後、工場や物流施設など大型施設を建設する際には、災害時に企業としてどのような地域貢献ができるのかを表明することが当たり前の時代になるかもしれない。

> アウトプット　イベント場や物流施設などを、災害時の帰宅困難者や物資受け入れに活用

　災害時には地域の最新被災情報は地元自治体に一番多く入ってくる。常日頃から自治体と協力し、万が一の事態が発生した場合はすぐに連携できる準備を整えておくことは、このターゲットで示す「人々に安全な公共スペースへの普遍的アクセスを提供する」だけでなく、自社の事業継続計画（BCP）にも役立つ。

ターゲット　11.a
各国・地域規模の開発計画の強化を通じて、経済、社会、環境面における都市部、都市周辺部及び農村部間の良好なつながりを支援する

ターゲット　11.b
2020年までに、包含、資源効率、気候変動の緩和と適応、災害に対する強靭さ（レジリエンス）を目指す総合的政策及び計画を導入・実施した都市及び人間居住地の件数を大幅に増加させ、仙台防災枠組2015-2030に沿って、あらゆるレベルでの総合的な災害リスク管理の策定と実施を行う

ターゲット　11.c
財政的及び技術的な支援などを通じて、後発開発途上国における現地の資材を用いた、持続可能かつ強靭（レジリエント）な建造物の整備を支援する

Part 12

つくる責任 つかう責任

持続可能な消費生産形態を確保する

資源を大切にし、地域に迷惑をかけずに製造した商品の購入は、自社の生産活動の継続に欠かせない。良質な商品を提供してくれる取引先を守ることになるからだ。オフィスのごみを減らす工夫もして、持続可能な消費・生産を達成しよう。

開発途上国の開発状況や能力を勘案しつつ、持続可能な消費と生産に関する10年計画枠組み（10YFP）を実施し、先進国主導の下、全ての国々が対策を講じる

2030年までに天然資源の持続可能な管理及び効率的な利用を達成する

インプット＼「持続可能な調達」を重視しよう

SDGs ケーススタディ 認証商品を購入しよう

　天然資源は捕りすぎてしまうと枯渇してしまう。よく話題となるのが魚貝類だ。乱獲によって漁獲量が減ってしまい、絶滅が心配されている魚も少なくない。魚を売って生計を立てる漁師にとっては死活問題だ。大漁だと儲かるので現在はいいが、将来、漁獲が減ってしまうと漁業が継続できなくなる。鮮魚販売店は売上高が減少し、食品メーカーは商品をつくれなくなる。サプライチェーンに関わる企業すべてが再生可能な範囲で資源を利用する「持続可能な調達」が重要となっている。

　海産物を加工する食品メーカーのように天然資源を直接、利用する企業ならビジネスと結びつくので、取り組みが必須のターゲットだ。天然資源を直接、扱わない企業でもターゲットを実践する方法がある。それが認証商品の購入だ。

　「森林認証」という言葉を聞いた読者もいると思う。もしくは、葉が茂った木をデザインした「FSC認証」マークなら見た人が多いかもしれない。会社案内やサステナビリティレポートなどの発行物、紙でできた商品包装材についている。

　FSC認証とは、紙や木材商品の原料が、持続可能性に配慮された森林か

ら切り出された資源であることを示す。Forest Stewardship Council（森林管理協議会）の略称だ。

　FSCマーク取得のための認証基準やルールがある。詳細はFSCジャパンのホームページなどで確認して欲しいが、ポイントだけを説明すると、天然林を強引に開拓した森ではない、切った後も苗を植えて森を育てている、違法伐採ではない─などの生態系への配慮がある。加えて、原住民の生活の場を無理やり奪っていない、住民に労働を強制していないなどの人権配慮も条件だ。

　会社案内やパンフレットを製作する際、FSCマークつきの用紙の採用を検討してみたらどうだろう。天然資源を直接、利用しない企業でもターゲット「天然資源の持続可能な管理」に貢献できる。FSC認証は国際的に認知されており、「わが社は森林の持続可能性に配慮しています」と堂々と言える。

　ちなみに東京都は2019年6月、環境配慮製品の調達基準「グリーン購入ガイドライン」を改定し、推奨事項に「FSC認証を受けたもの」と加えた。普通は「持続可能なもの」などと曖昧な書き方が多い中で、「FSC」と明記するのは珍しい。

　他にも森林認証には国際的な「PEFC」、日本国内の「SGEC」もある。

　国産材の利用も、持続可能な調達だと思う。日本の山には戦後に植えられ、ちょうど今、伐採の適齢期を迎えた樹木が多い。国産材を積極的に使えば山で木が切られ、苗が植えられて次の木が育つ循環が起きる。逆に国産材が利用されないままだと木が育ちすぎ、いずれ密集して山が健全ではない状態になる。すると、大雨で土砂災害を発生する危険性が高まり、日本の山が持続可能ではなくなる。

　最近、国産材の使用量が増えており、木材自給率でいうと2018年は過去30年間で最高水準となる36.6％へ上昇した。この調子で国産材の利用が増えていくと、「切る」「植える」のサイクルが回り、日本の山が持続可能になる。企業も国産材を選んで使うと日本の国土の持続可能性に貢献で

きる。

　森林以外では、魚や貝など海産物に関連する「MSC認証」がある。MSCは、Marine Stewardship Council（海洋管理協議会）の略称。魚介類を捕りすぎず、海を汚さずに漁獲した海産物であることが認証基準となっており、「海のエコラベル」と呼ばれる。

　「ASC認証」も海のエコラベル。ASCはAquaculture Stewardship Council（水産養殖管理協議会）の略称。水産医薬品による海洋汚染、エサのとりすぎによる生態系破壊などのない養殖が認証の条件だ。

　こういった認証商品の購入で、「天然資源の持続可能な管理」に貢献できる。ターゲット12.7で紹介する「環境配慮製品の購入」と一緒に実践して欲しい。

アウトプット　天然資源の購入で、持続可能な調達に貢献

　FSCなどは第三者が「持続可能」と認めた天然資源であり、説得力がある。認証マークのある商品を購入すると「天然資源の持続可能な管理」に貢献していると言いやすい。

　認証マークがなくても、産地や生産者がわかる商品なら天然資源に配慮していることが多い。特に「国産」の購入は持続可能性に貢献すると思う。本文では国産材を例に挙げたが、国内の野菜や果物、魚貝類を選ぶと、国内の農家・漁師に利益がもたらされる。すると農業や漁業をやめる人が減り、日本の農業・漁業が持続可能になる。もし、海外から野菜や魚貝類の輸入がストップする事態が起きても、国内で入手できると安心だ。天然資源の持続可能な管理を考えることは、SDGsへの貢献PRとともに、自社の調達も持続可能にする。

新しい活動

2030年までに小売・消費レベルにおける世界全体の一人当たりの食料の廃棄を半減させ、収穫後損失などの生産・サプライチェーンにおける食品の損失を減少させる

インプット　食べ残しをなくす

SDGs ケーススタディ　メーカーも消費者も利益を得て、その一部を寄付する循環

　国によると2017年度、国内で2550万tの食品廃棄が発生した。このうち、食べられるにもかかわらず捨てられた食品ロスが612万tあった。これは世界全体の食料援助量の年390万tを上回る。

　このターゲットに「一人当たりの食料の廃棄を半減」と明確な目標が掲げられたことで、日本でも食品ロスの「膨大な数量」が社会問題としてクローズアップされるようになった。実際、大量の食品が廃棄される現状を変えようと企業が動きだしている。

　クラダシ（東京都品川区）は、ホームページ「KURADASHI.jp」を運営する。このサイトには協賛企業が廃棄予定の商品を出品し、会員の消費者がインターネットで購入する。

　廃棄予定だった商品を購入してもらえた協賛企業は、食品ロスの発生を回避できる。消費者は手頃な価格で購入できる。さらに売上高の3%が環境保全や社会貢献に取り組む団体の支援金になる仕組みもある。

　社会に良いことをしたくても、ボランティア精神だけだと長続きしにくい。サイトを利用する消費者は買い物という日常の行動で食品ロス削減に貢献し、環境・社会貢献団体の活動を応援できる。

　支援金を受け取る環境・社会貢献団体にもメリットがある。通常、こうした団体は企業に寄付を依頼したり、行政の助成金を活用したりして活動

費を集めている。KURADASHI.jpの参加によって資金の獲得手段が増え、環境や社会への貢献活動を充実できる。KURADASHI.jpは、協賛企業、消費者、環境・社会貢献団体の関係者すべてがメリットを共有できるプラットフォームだ。

　2014年に創業してサイトを開設。2015年6月時点で200社だった協賛企業は2019年7月には580社に拡大した。買い物会員も2015年6月の1万人から7万5000人に増加した。月100tの食品ロスの削減に貢献しており、「日本最大級の社会貢献型ショッピングサイト」になっている（日刊工業新聞2019年7月12日付）。

　クラダシは食品ロス削減に貢献するビジネスモデルが評価され、環境省「第6回グッドライフアワード」（2018年度）で環境大臣賞、食品等流通合理化促進機構「第7回食品産業もったいない大賞」（2019年度、農林水産省協賛）で審査委員会委員長賞を受賞した。

　クラダシのようにビジネスで食品を扱う企業以外でも、身近な取り組みで食品ロス削減に取り組める。例えば、社内の掲示物の工夫だ。

　みずほ情報総研（東京都千代田区）はスポーツイベントの参加選手を対象にした調査で、掲示物による食品ロス削減効果を調べた（農林水産省「平成30年度食品産業リサイクル状況等調査委託事業」2019年3月22日報道発表）。

　同社は、2018年秋の女子バレーボール世界選手権の参加チームが宿泊した横浜市内のホテルで実験した。ホテルの食事はブッフェ形式だった。選手やスタッフが料理を選ぶ台の前に「少しずつ、何回でも」と書かれたポスターを掲示し、食卓に「食べきりに感謝！」と書いたポップを置いた。5日間の調査でポスターとポップがあった日は食べ残しが減った。

　ポスターなどの啓発には「ナッジ」と呼ばれる行動経済学の手法を活用した。ナッジは「そっと後押し」の意味で、情報発信によって人々の行動を良い方向へ変える。「少しずつ、何回でも」「食べきりに感謝！」といったメッセージがナッジであり、食べ残しをしないように意識させ、行動を

変える効果があったと考えられる。行動経済学は2017年にノーベル経済学賞を受賞した。

みずほ情報総研の調査はスポーツ選手が対象だったが、社員食堂がある企業でも、壁やテーブルに食品ロス削減を啓発する掲示をしてみてはどうだろう。社食がない企業でも休憩室や廊下に掲示物があると、昼食や家での食事で食べ残しを減らすきっかけになると思う。

食品ロス削減は、1人1人に食べ残しをしない行動をしてもらうことが重要であり、多くの人が集まる職場は多くの人に啓発できる場として最適だ。食品の加工や販売に携わらない企業も掲示によってターゲット12.3に貢献できる。

| アウトプット \ **廃棄予定商品の販売サイトの利用や、社内で気づきを与える工夫**

国も食品ロス削減を重要な社会課題として認識する。

2019年10月に「食品ロス削減推進法」が施行された。この法律では食品ロス削減を国や自治体の責務とし、都道府県と市町村に削減推進計画の策定を求めた。また、企業による食品ロス発生抑制の取り組みも支援するとしている。

環境省は食品ロスの削減に役立つ情報を提供する「食品ロスポータルサイト」を開設した。企業も食品廃棄削減に有効な情報を得られる。気象データの活用など事例集もある。自治体向けには職員が取り組めるマニュアルも用意しており、ターゲット12.3の実践に参考となりそうだ（http://www.env.go.jp/recycle/foodloss/index.html）。

2020年までに、合意された国際的な枠組みに従い、製品ライフサイクルを通じ、環境上適正な化学物質や全ての廃棄物の管理を実現し、人の健康や環境への悪影響を最小化するため、化学物質や廃棄物の大気、水、土壌への放出を大幅に削減する

インプット 化学物質関連の法規制順守もSDGs

SDGs ケーススタディ 積極的な義務以上の対応で、安全性をより高める

　多くの工場で化学物質を扱っており、何らかの法規制を順守しているはずだ。法律なので守るのは当然だが、化学物質管理はターゲット12.4に合致しており、SDGsの取り組みとして発信できる。

　化学物質審査規制法（化審法）は、新しい化学物質を開発や輸入するメーカー・商社が対象なので、対応が求められる企業数が限られる。

　一方、化学物質排出把握管理促進法（化管法）は対象が「従業員21人以上」なので多くの企業が該当する。有害性がある「第一種指定化学物質」を年1t以上製造するなどの条件を満たすと国に届け出る義務が生じる（PRTR制度）。

　また化管法では「第一種指定化学物質」や「第二種指定化学物質」を含む物質・製品を他の事業者に渡す時、「SDS（Safety Data Sheet＝安全データシート）」を一緒に提供・開示することが求められている。例えば、自社の工場で第一種指定の物質を使って化学品を製造したら、その物質が含まれる証明としてSDSも作成する。そして化学品を売る時、販売先にSDSも交付する。確実に実行すると「SDGsのターゲット12.4に合致する」として発信できる。販売先にSDSを交付することはもちろん、化学品を買った時にも物質情報の入手のために、購入先に「SDSをください」と働きかけるのも立派な取り組みだ。

　国はSDSの提供義務がない物質についても交付を推奨している。厚生労働省が、労働安全衛生法（労衛法）の交付義務対象以外の物質を扱う事業者を調査したところ、62.6％が「すべて交付している」と回答した（「SDS交付状況別事業所割合、平成29年」）。義務ではなくても6割の交付は高い水準と思うが、「譲渡・提供先から求めがあれば交付している」が22.7％あった。今は要求に応じてSDSを交付している22.7％の事業者が、要求がなくてもSDSを交付すればターゲット12.4に合致できる。SDSをまったく交付していない事業者（2.4％）にとっても交付がSDGsの新たな活動となる。

　有害性情報を取引先に伝える国際ルール「GHSラベル」についても国は開示を求めており、こちらの徹底もターゲット通りの取り組みとなる。

　化学物質による従業員へ健康被害を防ぐこともターゲットと一致する。2016年、労衛法が改正され、化学物質が健康被害を引き起こす危険性を調べるリスクアセスメントの実施が義務化された。

　このリスクアセスメントとは、化学物質そのものの有害性よりも「使い方」に着目した調査だ。例えば換気設備のない部屋で作業を続けると、体内に多くの化学物質を取り込んでしまう。すると有害性が低い物質でも健康被害の発生リスクが高まる。こういった使用量、時間、作業環境によって変動するリスクを判定する作業がリスクアセスメントだ。経営者はリスクの有無、大小を知ることで従業員への化学物資による健康被害を防ぐことができる。

　改正労衛法では塗料、洗浄液、接着剤、メッキ、切削油など、普段から使っている化学品でも使用前にリスクアセスメントを実施しなければならない。企業規模を問わず義務化された。対象物質はSDSを見るとわかる。厚生労働省のホームページ「職場のあんぜん」でも検索可能だ。同省はインターネット上でリスクアセスメントができる「コントロール・バンディング」を無料提供している。物質名や使用量などを入力すると、リスク水準がわかる。日本化学工業協会（日化協）も支援ツールを公開している。

日化協のサイト「BIGDr（ビッグドクター）」に登録すると、会員以外も利用できる。

　2012年、印刷業に従事する労働者が胆管がんを集団発症した問題が起きた。職場に換気設備がなく、労働者が長年にわたって有害物質を吸ったことが発がんの原因とされている。化学物質による健康被害が発覚すると、中小企業は信頼を失うなどのダメージが大きい。改正労衛法を順守してリスクアセスメントを実施することは従業員の健康を守り、経営リスクを回避できる。従業員にとっても化学物質のリスクを学ぶ機会となり、正しい知識の取得によってマスクの着用率も上がるはずだ。

　SDSの作成や提供、もしくは提供を求めることも、化学物質によるリスクを認識している証拠である。リスクアセスメントも確実に実施すると、化学物質を適切に管理する企業姿勢をPRできる。

ターゲット　12.5　活動のレベルアップ

2030年までに、廃棄物の発生防止、削減、再生利用及び再利用により、廃棄物の発生を大幅に削減する

インプット　ゴミをもっと減らす

SDGs　ケーススタディ　社内でプラスチック製品の利用をやめる

　どの企業でも職場でゴミをしっかりと分別して捨てている。オフィスであればコピー用紙、プラスチック類、ペットボトル、飲料缶、乾電池と徹底的に分けて捨てているはずだ。これでも「資源の有効利用」として十分かもしれないが、このターゲットは「分別」を求めていない。「廃棄物の大幅な削減」を要請しており、気づいていないゴミの発見と廃棄物削減のヒントを与えてくれる。

例えば、ソニーは2020年度中に社内でのペットボトルの提供やレジ袋の配布を廃止する。社内の飲食店でもプラスチック製のストローやカップの提供もやめる。富士通や積水ハウスも社内の自動販売機でペットボトルの販売中止を決めた。

ペットボトルの商品ラベル、ストロー、カップは一度使っただけで捨ててしまう「使い捨てプラ」だ。分別して廃棄しても適切に処分されるが、廃棄物の発生量は減らない。それに廃棄プラのすべてがリサイクルされ、新しい製品に生まれ変わる訳ではない。廃棄プラの約半分は発電や熱発生の燃料として燃やされている。燃料利用を有効活用と表現する人はいるが、燃やしてしまったら再利用できない。国際的には燃料利用をリサイクルに含めないので、国も「サーマルリサイクル」と呼ばなくなった。

海に流出したプラゴミによる海洋汚染が国際問題化し、使い捨てプラの使用削減が世の中の流れだ。国は2019年6月、「プラスチック資源循環戦略」を決定し、2030年までに使い捨てプラの廃棄を累積25％削減するなどの目標を定めた。限られた資源を無駄なく使うために分別も大切だが、今は廃棄物発生量の削減が求められている。ペットボトルの販売、プラ製のストローやカップなどを廃止し、「わが社では使い捨てプラをやめました」と宣言すれば、社会からも評価されるだろう。

| アウトプット \ 減らせるゴミを見つける

このターゲットを読むと、分別にとどまっていた廃棄物対策をレベルアップできる。例えば、机に積まれたクリアファイルも無駄と感じる人が多いのでは。書類を入れて持ち運ぶには便利だが、ノベルティーとしてもらい続けていたら、1度も使わないままのクリアファイルが増えてしまった。「ノベルティーのクリアファイルをやめました」も、プラ削減の社会要請に合っている。使い捨てプラ以外にも減らせるゴミがあるだろう。廃棄物削減はターゲットに合致しており、社外に発信すれば「資源問題の解決に取り組む企業」として評価される。

特に大企業や多国籍企業などの企業に対し、持続可能な取り組みを導入し、持続可能性に関する情報を定期報告に盛り込むよう奨励する

インプット　「SDGs報告書」をつくろう

SDGs　ケーススタディ　簡潔なものでいい。自社の取り組みをまとめる

　「大企業」や「多国籍企業」と名指ししているので、ターゲットの対象は「上場企業」や海外拠点を持つ「グローバル企業」となる。後半で説明するが、大企業などは有価証券報告書などに持続可能性への取り組みを記載する時代になろうとしている。

　ターゲットに登場しない企業も報告書づくりにチャレンジしてほしい。非上場の中堅、中小企業もSDGsを経営に取り入れた成果を社外に伝えるツールとなるからだ。報告書があれば、SDGs達成に向けて活動していることを取引先、銀行、地域住民、そして学生にも知ってもらえる。せっかくSDGsに取り組んでも、社外に理解してもらわないと評価されず、従業員も活動を進める意欲が沸きにくい。社内の士気を高めるために報告書は有益と思う。

　ところで、報告書で思いつくのは「環境報告書」「CSR報告書」「サステナビリティレポート」だろう。他に「統合報告書」の作成例も多い。いずれかの報告書を定期的に発行している企業ではあれば、その報告書にSDGsの要素を補強するパターンがある。もし、どの報告書も未発行の企業なら、SDGsに合致させて編集してみよう。その報告書は「SDGs報告書」と名づけても良いかもしれない。

　SDGs報告書は私のアイデアなので、記載条件のようなものはない。SDGsを経営に織り込んだ理由、SDGsを推進する決意、SDGsに関連して設定した目標、関連する活動とその成果、今後の取り組みが記述されてい

たら十分と思う。1年に1回など定期的に報告することを前提とし、進捗を伝えやすい目標や記述を選ぶと良い。また、必ずしも印刷した冊子ではなく、インターネット上で閲覧できる電子版でも構わない。

　すでにSDGsの取り組みを盛り込んだ報告書を作成している企業は多い。札幌市に本社を置くアレフをご存じだろうか。ハンバーグレストラン「びっくりドンキー」などの外食チェーン店を展開している非上場企業だ。同社の「2018年環境報告書」の4ページには「SDGsのゴールと、対応するアレフの取り組み」「環境活動とかかわりの深いSDGs目標」が掲載されており、事業とSDGsの関係性が整理されている。

　「環境マネジメントシステム」のタイトルのある9-10ページは見開きで、SDGsに対応した環境行動指針、目標、結果、計画が一覧となっている。結果を見るとSDGsへの取り組みの進捗がわかる。11ページ以降には活動の詳細が記述されている。どのページもグラフやイラストがあり、記事もコンパクトにまとまっているので読みやすい。「今後の取り組み」の記載もあり、計画的に取り組んでいることが伝わってくる。

　全体のページ数は22。個人の感想だが、このくらいのボリュームだと読みやすく、理解もしやすい。大企業やグローバル企業の報告書は、とにかく厚い。政府や国際的な組織が出している報告書のガイドラインを参考にするためだろう。ガイドラインの要求を満たそうと項目が細分化して増殖し、ページ数が多くなる。文字も細かくなって読み切れなくなる。専門家向けには十分だろうが、活動を知りたいだけの人にしたら情報量が多すぎて消化できない。初めて報告書を作成する企業には、簡素な内容を期待したい。

　もう1つ、リマテックの報告書「CSR REPORT2019」も紹介したい。本社は大阪府岸和田市にあり、産業廃棄物を原料に石油代替燃料を製造する資源リサイクル企業だ。

　その報告書の4ページで「リマテックグループ事業とSDGsとの関わり合い」を記載し、事業と17ゴールとの関係を整理して示している。その

隣に「SDGs重点課題と報告」の項目があり、SDGs活動の最終ステップに「報告」を描いたイラストが登場する。つまりSDGsを目標設定や経営管理指標に織り込むだけでなく、しっかりと社外に報告することを重要と考えている証だろう。報告方法も「具体的な取り組み事項や削減状況について、ホームページやCSRレポートにて開示」としている。

　その報告書には顔写真入りでグループ従業員が登場する。新入社員、5年後や10年後の目標を語る社員など、ページによって記事が違っていて、工夫を感じる。取引先の従業員が掲載されたページもあるくらいだ。非上場企業は必ずしも報告書のガイドラインに準拠する必要はなく、自由に記載できる。そのために個性的で、会社の特徴を伝えられるような報告書を編集できるはずだ。

　他にも参考となりそうな報告書を発行する中堅・中小企業が多いはずだ。環境省と地球・人間環境フォーラムが優れた環境報告を表彰する「環境コミュニケーション大賞」を開催している。2020年2月4日に発表した「第23回」の受賞企業は50社以上あり、中堅・中小企業も選ばれている。報告書を新規に発行したい企業、または内容を補強したい企業の参考になるはずだ。応募してみても良いと思う。多くの人の目にとまる機会となるからだ。

　アウトプット　**大企業だけでなく、中小企業からも発信する**

　報告書は自社のSDGs活動を社外に知ってもらえるツールとなる。せっかくのSDGs活動も、多くの人に知ってもらわないともったいない。伝えることで取引先、銀行、地域住民、学生から評価される。評価によって取引先から信頼されたり、学生の就職先の選択肢に入ったりする。社外評価は従業員のモチベーションにもなる。

　楽天の小林正忠常務執行役員CWO（チーフ・ウェルビーイング・オフィサー）は「（世の中に良いことをしていると）自分たちだけで満足しては駄目だ。企業が社会貢献する意義を本気になって発信しないと共感を

210

アレフの「2018 年環境報告書」

リマテックの「CSR REPORT2019」

得られず、良いことをする人が増えないからだ」と語っていた（日刊工業
新聞2020年2月7日付）。報告書が発信のきっかけとなり、「一緒に取り
組みたい」と言ってくれる企業が現れ、新たなビジネスに発展するかもし
れない。

国内の政策や優先事項に従って持続可能な公共調達の慣行を促進する

インプット　環境配慮商品を購入しよう

SDGs ケーススタディ 「認証マークつき」の検索・販売サイトを利用

　公共調達とは、国や自治体など行政機関が製品を購入する行為だ。企業も公共調達と同等レベルの「持続可能な調達」に取り組むことで、このターゲットを推進できる。

　そもそも持続可能な調達とは、環境を破壊せず、資源を採りすぎず、生産する人に適切な対価を支払い、産地の社会に迷惑をかけずに作られた商品の購入を指す。「環境」にとどまらないが、国の「グリーン購入法」（国等による環境物品等の調達の推進等に関する法律）から事例を紹介したい。

　グリーン購入法は省庁など国の機関に対し、環境に配慮した製品の購入を義務づけた法律だ。対象となるのはコピー機、コピー用紙、文房具、照明など庁舎内で使う製品。どういった製品が「環境配慮」と呼べるのか、基準も示されている。その基準はホームページ「グリーン購入法.net」に掲載の「環境物品等の調達の推進に関する基本方針」で確認できる。あくまで国の機関の基準ではあるが、企業もオフィスで使う製品を選ぶ時に参考にできるはずだ。

　ちなみに国は2019年2月、グリーン購入法の「基本方針」を変更し、同年4月以降、庁舎内で営業する事業者に使い捨てプラスチック製品の提供中止や削減を要請した。具体的に言うと、庁舎にある食堂の運営業者にはプラ製のストローやスプーン、コンビニエンスストアなどの売店にはプラ製容器の廃棄抑制や植物由来素材を10%以上含んだ買い物袋の使用を求めた。ターゲット12.5で事例として挙げた「社内でのプラスチック製

のストローやカップの提供停止」は、グリーン購入法の基本方針に合致している。

　先ほど、基本方針は企業が製品を選ぶ時の参考になると書いたが、購入を検討する製品が方針通りかどうかを確認するのは手間がかかる。基準が細かく規定されており、記述を読んでもすぐに理解できない。例えば用紙は「古紙パルプ配合率、森林認証材パルプ利用割合、間伐材等パルプ利用割合（中略）……算定式により総合的に評価した総合評価値が80以上であること」という具合だ。これだとせっかくの意欲もそがれてしまう。そこで「エコマーク商品」を目安とすることをお勧めしたい。

　エコマークは、地球を抱いた両手が「e」の文字に見えるデザインだ。ボールペンなど文房具についたエコマークを見た人が多いと思う。作られ、使われ、廃棄されるすべての段階において、環境に配慮された製品にマークをつけることができる。製品ごとに認定基準があり、省エネ性、再生材の使用、リサイクルのしやすさ、有害物質の排除などの総合的な環境性能を満たさないと認定されない。約70の商品・サービスに認定基準があり、約1400社が約5万の商品・サービスを販売している。

　エコマーク商品にはグリーン購入法の特定調達品目に合致した製品が多い。エコマーク事務局のホームページでグリーン購入法に該当するエコマーク商品を検索可能だ。また、ファイン（大阪市西区）が運営する情報サイト「グリーンステーション」でもエコマーク商品を検索できる。カタログ本の「グリーンステーション」も発行しており、国・自治体、学校、商工会議所などに1万8000部を無料配布している。カタログを手元に置いておくと、エコマークつきのボールペンを生産するメーカーを見つけやすく、すぐに発注できる。グリーン購入法.netだとメーカーの紹介はないので、エコマーク事務局のホームページやファインのグリーンステーションは環境配慮商品を探しやすい。

　企業もエコマークを目印にすると、国の機関と同レベルの持続可能な調達を実践できる。国は2017年度、国などの機関で対象205品目中182品

目（88.8％）でグリーン購入を実践したと報告している。企業もエコマーク商品を購入し、集計するとターゲット12.7への取り組みとして公表できる。

　例えば「今年度はエコマーク商品を910点購入した。前年度よりも100点増え、全購入商品の90％がエコマーク商品になり、持続可能な調達に貢献した」という具合に。

　また「グリーン購入ネットワーク」という団体が、グリーン購入を支援している。セミナーなどで普及活動をしており、ホームページを参考にしても良いだろう。

　ちなみにエコマーク事務局は、エコマーク商品とSDGsの関係を整理した「SDGs活用ガイド」を作成した。エコマーク商品の製造・販売が、17ゴールのどの目標に貢献するのかを一覧にしている。例えばエコマーク認定の印刷インキは、ゴール3、11、12に貢献する。エコマークつきの印刷インキを購入した企業もゴール3、11、12に貢献したと言える。エコマーク商品の購入と実績と一緒に、SDGsのゴール別に集計できる。

　例えば「今年度はエコマーク商品を910点購入した。SDGsだと、ゴール12に貢献する商品を600点購入した」と発表できる。

　この原稿ではエコマーク認定商品を中心に説明したが、ターゲット12.2で紹介したように他にも環境や社会に配慮して生産されたと認める認証制度やマークがある。これらのマークも参考に購入する製品を選ぶと「持続可能な調達」ができ、ターゲット12.7の取り組みとなる。

　また楽天は、認証商品を中心に持続可能性に貢献する商品を集めたネット販売サイト「EARTH MALL」を運営する。このサイトだと認証商品を見つけやすい。

アウトプット　環境配慮商品の購入実績を発表する

　2020年夏の東京オリンピック・パラリンピックの大会組織委員会は、環境や社会に配慮して生産した商品を利用する「持続可能性に配慮した調

環境・社会への配慮を示す国際的な認証

認証名	概要
FSC	持続可能性に配慮した森林資源や木材を認証。NGO森林管理協議会が運用する
RSPO	食品、洗剤などの日用品に使われるパーム油の認証。労働環境への配慮も基準。NGO持続可能なパーム油のための円卓会議が運用
MSC	海洋資源の乱獲を防ぐ認証「海のエコラベル」。NGO海洋管理協議会が運用
ASC	養殖による海洋汚染などを防ぐ認証。NGO水産養殖管理協議会が運用
国際フェアトレード	原料、加工、輸入など全工程で適正価格での取引を推奨。国際フェアトレードラベル機構が基準を運用
GOTS	オーガニックコットン繊維の認証規格。NGO国際有機農業運動連盟が基準を制定
レインフォレスト・アライアンス	生物多様性や労働者の人権などに配慮する農園を認証。商品にカエルマークがつく。NGOレインフォレスト・アライアンスが運用

達コード」を運用している。競技施設で使う木材、選手村で提供する食事の食材、運営で必要な用紙など、東京大会で使用する物品は環境・社会に悪影響を与えずに生産したものを購入するルールが調達コードだ。NGOなどが、コードが守られているのか注目している。組織委員会も大会後、「持続可能性報告書」として結果を公表する予定だ。

　持続可能な調達をレガシー（遺産）として日本社会に残そうという機運が高まっており、東京都は2019年6月、環境配慮製品の調達基準を改定して推奨事項に「FSC認証を受けたもの」と加えた。他の自治体にも認証商品の購入の動きが広がってもおかしくない。認証商品を購入する企業は「持続可能な調達に取り組む会社」としてPRしやすくなる。

2030年までに、人々があらゆる場所において、持続可能な開発及び自然と調和したライフスタイルに関する情報と意識を持つようにする

インプット できることからライフスタイルを見直そう

SDGs ケーススタディ 食事や移動手段によってCO_2排出量は削減できる

このターゲットでは職場を離れ、1人の社会人や生活者として日常生活で実践できそうなSDGsの取り組みを紹介する。

地球環境戦略研究機関（IGES）は2020年1月30日、「『1.5℃ライフスタイル〜脱炭素型の暮らしを実現する選択肢〜』公開　カーボンフットプリントで読み解く、持続可能かつ豊かな暮らしと社会の姿」と題するリリースを発表した。この中で「持続可能な開発及び自然と調和」したライフスタイルが示された。

本題に入る前にリリースの前提を解説する。IGESはフィンランド・アールト大学などと共同で、産業革命前からの地球の平均気温の上昇を1.5℃未満に抑えるために、私たち1人1人に求められる暮らしを研究し、2019年2月に報告書をまとめた。現状では1℃上昇しており、すでに自然災害が多発している。今後も温暖化が進行すると生物にとって深刻な被害が発生すると予測されている。少しでも被害を軽減するために「1.5℃未満」に抑制しようとする機運が国際社会で生まれている。

再生可能エネルギーの大量導入など、「1.5℃未満」達成に必要な社会構造は示されている。それでは、生活者1人1人はどのように暮らしたら良いのか。その参考情報をIGESらの解き明かした成果が2019年2月の報告書だった。

2020年1月のリリースは、日本人1人1人が「1.5℃未満」に向けて必要なライフスタイルを検討してまとめた。野菜中心の食事をとり、仕事は

テレワーク、週末のレジャーは近場で楽しむなど27の選択肢を提示した。どれも生活習慣の見直しや既存技術で可能なものばかりだ。

　ライフスタイルを変えることで見込まれる二酸化炭素（CO_2）などの温室効果ガス（GHG）削減効果も検討している。ここでのGHG量の計算には生産から使用、廃棄までの商品一生分の排出量を算定するカーボンフットプリント（CFP）を採用した。牛肉であれば、牛のエサとなる飼料栽培、排せつ物や消化器、輸送で多くのGHGを排出している。別の言い方をすると、食卓にのぼるまでに大量のGHGを排出したことになる。野菜や魚を選ぶと、生産や流通過程でのGHG排出量は比較的少なく抑えられる。

　生活者自身が料理や飲食で発生させるGHGは少量でも、CFPで考えると購入するまでにGHGを多く排出している商品があるとわかる。作られたり、運ばれたりする過程のGHGが少ない商品を選んで購入すると、生活者が影響を与えたGHGも減らせる。

　リリースによると赤身の肉を低炭素型のタンパク源（鶏肉や魚）に転換すると、年間最大210kg（日本人1人当たり）のGHG削減に貢献できる（CFP値）。他にも菜食中心にすると340kg減、乳製品を植物由来の代替品に転換すると130kgの減だ。

　食事以外でも、温水の節約で160kg、コンパクトな居住空間だと330kg、再生可能エネルギーを設置したオール電化設備にすると400kgの削減効果になる。

　移動に関しても、自動車には必ず2人以上で乗車するライドシェアで340kg減、職場までの移動がないテレワークで160kg減、週末のレジャーを近場で楽しむと300kg減。

　こうして見てみると、野菜中心の食事は健康に良く、レジャーが楽しめる場所の近くで暮らすと精神的にも健全だ。普段はテレワークで仕事をすると通勤のストレスも少ない。IGESらが提示したライフスタイルを実践すると心身とも健康で、しかも環境にも貢献できることになる。

ちなみにリリースによると、現状の日本人1人のCFPにおける平均排出量は年7.6t。日本人が27の選択肢すべてを実践すると、79％減の年1.6tまで削減できる。ただ、これでも「1.5℃未満」達成の水準に届かないという。

　またリリースでは、日本人5万人を対象としたライフスタイル別の調査も興味深かった。全体の28％の人は、平均（7.6t）以下の年4tの排出量で生活していた。一方、日常的に自動車や飛行機を利用する0.4％の人が年24tも排出していた。少数の人が商品選択や行動に配慮するだけでも、温暖化防止に効果がありそうだ。

［アウトプット］ 健康にも、精神の健全にも、環境にも良い変化

　気候変動対策と、体や精神を健全に保つ行動が重なる。これは、1人の生活者として参考になると思う。

　気候変動対策だからとストイックに菜食、テレワーク、徒歩移動に取り組める意識の高い人は、限られるだろう。健康のために野菜をとる、自動車を控える、毎週末のレジャーを楽しみたいから地方に暮らす、といった自身の心がけや選択が気候変動対策にもなるのであれば、生活者として気持ちが楽だ。

....

ターゲット　12.a
開発途上国に対し、より持続可能な消費・生産形態の促進のための科学的・技術的能力の強化を支援する

ターゲット　12.b　　新しい活動

雇用創出、地方の文化振興・産品販促につながる持続可能な観光業に対して持続可能な開発がもたらす影響を測定する手法を開発・導入する

インプット　国内の農産物の消費を安定させる

SDGs　ケーススタディ　地方の野菜の購入でファンづくり

　地方に貢献したいと考える人が増えている。ただ、東京など都市部に生活基盤があると簡単には移住できず、どんな貢献ができるのか悩む人がいる。

　ターゲットにあるような「地方の産品の購入」なら誰にでも取り組めるので、都市部で暮らしながらも多少でも地方経済に貢献できる。

　それではなぜ、SDGsのゴール12「つくる責任　つかう責任」にこのターゲットが登場するのか。これから紹介する石井食品の事例から、読み解きたい。

　石井食品は「イシイのおべんとクン　ミートボール」でおなじみの食品会社。「チキンハンバーグ」も有名だ。この2商品は同社の売上高の8割を占める看板商品だ。

　その同社が「木之山五寸にんじん」を素材としたスープ、ハンバーグ、まぜごはんの素を販売している。愛知県大府市で古くから作られてきた伝統野菜で、強い甘みが特徴だ。実際に食べてみるととても甘かった。確かに、スーパーで購入する普段のニンジンでは味わえない。

　この木之山五寸にんじんは大府市でも農家4軒しか生産していないため、収穫量は多くない。石井食品は全国販売するが、売り切れが発生してもおかしくない。

　他にも同社は全国30地域の野菜を加工した商品を開発している。木之山五寸にんじんと同じ伝統野菜もあり、収量が限られれば、収穫時期も決

まっている。季節を問わずに店頭に並ぶ通常の野菜と違い、いつでも入手できるわけではない。看板商品のミートボールやチキンハンバーグと比べると、大きな売り上げが期待できそうにない。

　それなのになぜ、産地の野菜にこだわるのか。石井智康社長は「日本人がおいしいものを食べられなくなる」という危機感が動機だと語っている（日刊工業新聞2020年2月21日付）。

　いつでも調達できる確実さや手頃な価格ばかりを追求するうち、日本の食材は輸入品ばかりになる可能性がある。供給量や価格で太刀打ちできない国内農家は、どんどんと野菜の生産をやめてしまうだろう。輸入依存度が高まった状況で海外の産地に災害が発生して輸入が途絶えると、国内では野菜を入手できなくなる。便利さや価格を追求したツケで、日本の野菜調達が持続可能でなくなる危うさがある。石井社長が心配するように「おいしいものを食べられなくなる」のだ。

　国内でおいしい野菜を持続的に調達できる環境を残すには、普段から国産を購入しておく必要がある。ただし、安さばかりを押しつけていては農家の収入が増えず、疲弊してやる気が出ない。農家にも利益が残る適切な価格で取引しないと、生産者も野菜生産を続ける意欲が沸かない。持続可能性を考えると、安さは「当たり前」ではない。

　他にも、問い直すべき「当たり前」がある。木之山五寸にんじんの生産者は「木之山五寸にんじんも以前は名古屋の市場で取引されていたが、形がふぞろいであるため次第に取引量が減り、やめる農家が増えた」と語っていた。形が整った規格品であることも当然と思っているが、規格外品でも味には問題がないはずだ。

　遠い産地から東京へ運ぶことも当然と思っており、地産地消の意識が薄い。メーカーや卸、店舗を介す流通も便利なシステムだが、生産者が消費者の感想を聞くこともまれだ。「おいしかった」という感想を耳にすると、生産者も作りがいがあるはずだ。

　コストや便利さ、効率の代償として国内の農家が減り、日本での野菜調

達が持続可能でなくなっていく。この流れを変えようと、石井食品は産地の野菜で商品を開発している。産地との連携は慈善事業と思われそうだが、「おいしい商品」をつくるのは食品メーカーの基本。おいしければ消費者から支持され、売り上げにつながる。

石井社長は「非効率だからファンが生まれる」とも話す。例えば伝統野菜の産地で大雨が発生し、商品を店頭に届けられなかったとする。買いに来たお客さんに「大雨で商品をつくれなかった」と事情を説明することで接点が生まれる。大量に売られている普通の商品では発生しない会話だ。お客さんも「次の入荷はいつ」「他の産地の商品は」と聞き返してくると接点が強くなり、ファンになってもらえるという。珍しい伝統野菜だから消費者は興味を持ち、ファンになる。

農家も石井食品のファンになると、同社のためにこだわりを持って野菜をつくってくれる。根強いファンほど事業を支えてくれるので、石井食品も持続可能になる。

産地の野菜の購入は、農家のやる気につながり、国内でおいしい野菜を調達できる環境を残せる。自社のおいしい商品づくりのためにもなり、

木之山五寸にんじんを素材にしたハンバーグ商品

ファンづくりにもなる。ゴール12は「つくる責任　つかう責任」だが、「買う責任」もあると石井食品の産地との取り組みが教えてくれている。

地方の産品を購入しよう

　他の企業も、地方の産品の購入を通して地方経済を支えることができる。地方の生産者にも適切な利益がもたらされれば、生産者も産品の供給を続けられる。もし海外から調達できない事態が発生しても、国内の生産者から調達を継続できる。国内の生産者に自社のファンになってもらえれば、困った時には助けてくれるはずだ。コスト、便利さ、効率とは別に「買う責任」を考えてみよう。

ターゲット　12.c　気 づ き

開発途上国の特別なニーズや状況を十分考慮し、貧困層やコミュニティを保護する形で開発に関する悪影響を最小限に留めつつ、税制改正や、有害な補助金が存在する場合はその環境への影響を考慮してその段階的廃止などを通じ、各国の状況に応じて、市場のひずみを除去することで、浪費的な消費を奨励する、化石燃料に対する非効率な補助金を合理化する

インプット 「有害となった支援」に気づこう

SDGs ケーススタディ 途上国の石炭火力支援を厳格化。ターゲットが予測していた!?

　このターゲットを読むと、SDGsが将来を予測しているように思えてしまう。

　環境省は2020年5月14日、「『石炭火力発電輸出ファクト集2020』分析レポート」をまとめた。その内容は、日本の公的資金を使った途上国で

の石炭火力発電所の建設支援の見直しを迫るものだった。

　小泉進次郎環境相は5月26日の記者会見で、分析レポートを受け「（石炭火力発電所が）売れるから売るではなく、脱炭素への移行が促進されない限り輸出しない"脱炭素化原則"へ方針転換しなければならない」と述べ、公的資金による輸出支援政策の見直しに言及した。

　石炭は安く手に入る資源であり、発電所の燃料として利用すると大量の電気をつくり、多くの人に安価な電気を届けることができる。人口増加や都市化で電力が不足している途上国で、石炭火力発電所は重宝される。ただし、石炭は燃やすと地球温暖化の原因とされる二酸化炭素（CO_2）を大量に排出する。また、煙が適切に処理されないと大気汚染による健康被害を引き起こす。

　日本は途上国での石炭火力発電所の建設を、公的資金を使って支援してきた。ただし政府は「輸出4要件」を定め、資金支援を厳しく制限している。

〈輸出4要件〉
①石炭をエネルギー源として選択せざるを得ないような国に限る
②日本の高効率石炭火力発電への要請
③相手国のエネルギー政策や気候変動対策と整合的
④原則USC（超々臨界圧）以上

　だが、4要件があったとしても日本政府による途上国での石炭火力発電所の建設に対し、国際社会からの批判が強い。温暖化を防ぐために"脱・石炭"が世界的な潮流の中で、日本の公的資金による建設支援が逆行するからだ。

　世界銀行は温暖化対策として石炭火力発電所の建設資金の援助を厳しく制限し、アフリカ開発銀行は石炭火力発電から撤退と再生可能エネルギーへの移行を表明している。また、英国やカナダなどは自国において、稼働

中の石炭火力発電所を廃止する方針を打ち出している。

　日本企業が海外で石炭火力発電所を建設すると、国内の産業界は利益を獲得できる。政府も公的資金によって建設費を支援すると、日本企業が建設プロジェクトを進めやすくなる。一方、途上国ではCO_2を大量に排出してしまう。石炭火力は数十年も稼働を続けるため、途上国の再生可能エネルギーへの移行を遅らせてしまう。

　ちなみに、既存商品があるために他の商品への乗り換えができなくなることを経済学用語で「ロックイン効果」と言う。石炭火力発電所も、途上国にとってロックイン効果を生む恐れがある。その意味では、公的支援による建設支援はターゲットに書かれている「有害な補助金」になってしまう。

　加えて、ターゲットに書かれている「化石燃料に対する非効率な補助金を合理化する」が、日本政府による公的資金による石炭火力建設支援の見直しの議論と重なる。ターゲットがこの議論を予測していたように思える。他のターゲットを熟読しておくと、将来の出来事を予測できるかもしれない。

　ここで石炭火力発電所へ風当たりが強まる発端となった「パリ協定」を復習しておきたい。次のゴール13にも関連する。

　パリ協定はSDGsと同じ2015年に、国連の会議（気候変動枠組み条約第21回約国会議、開催地フランス・パリ）で決まった。地球温暖化に歯止めをかけ、人間生活や企業活動にダメージを与える異常気象を緩やかにするための世界目標だ。

　パリ協定で優先順位の高い目標は、産業革命前からの地球の平均気温の上昇を「2℃未満」に抑えること。科学者は十分な対策をとらないと4℃や6℃に上昇し、異常気象の猛威が増すと警告している。2℃でも異常気象の影響は残るが、被害は軽減されるため、パリ協定で「2℃未満」を目指すことになった。

　ただし、南極の氷や氷河が溶けて海面が上昇し、沈んでしまう危険にさ

らされている島国は「1.5℃未満」を目指すべきだと強く主張したため、パリ協定では「1.5℃未満」が努力目標となっている。

　また、パリ協定は「2℃未満」達成のために、今世紀後半には温室効果ガス（CO_2など）の排出をゼロにする「脱炭素社会」への移行を求めている。このため再生可能エネルギーの普及など、化石資源に頼らない社会・経済への転換を必要としている。

　すでに地球の気温は1℃度上昇しており、2℃未満達成には残り1℃の猶予しかない。1℃上昇した現在でも猛暑や豪雨、台風の被害が出ている。国連などは脱炭素社会への移行を急ぐべきだと警告しており、石炭火力発電所新設への風当たりが強くなった。パリ協定は2020年から本格運用が始まった。

アウトプット　ターゲットから時代の変化を見極める

　SDGsが採択され、このターゲットが世界目標として国際社会に共有されたのは2015年。その時点で、2020年の日本で途上国に対する石炭火力発電所の建設支援が議論されることを予測していたように思えてくる。ターゲットを読んでおくと、未来の出来事を予測でき、企業の長期戦略の検討に役立つのではないだろうか。

　他に事例を挙げると、ゴール3のターゲット3.6「2020年までに、世界の道路交通事故による死傷者を半減させる」に当てはまる動きとして2019年11月、政府は2021年11月から新型車への自動ブレーキ搭載を義務化すると発表した。

　ゴール12のターゲット12.2「2030年までに小売・消費レベルにおける世界全体の一人当たりの食料の廃棄を半減させ、収穫後損失などの生産・サプライチェーンにおける食品の損失を減少させる」に関連し、政府は2019年10月、食品ロス削減推進法を施行させた。他にも実際の出来事を連想させるターゲットがある。

　このターゲット12.aは、「持続可能な消費と生産」をテーマとしたゴー

ル12から離れ、次のゴール13「気候変動」に関連するように思える。一方で、本文で「ロックイン効果」として触れたが、「有害な補助金」となっている建設支援であれば、「持続可能な消費と生産」に反するので、ゴール12に入るのだろう。

　時代や環境が変わり、支援や応援のつもりがいつの間にかロックイン効果を生む「有害な支援」になっていることがあるかもしれない。「前からやっていたことだから」と安心せず、時代や環境を見極めよう。そのために未来の出来事を予測するSDGsのターゲットを読んでほしい。

Part 13

気候変動に具体的な対策を

気候変動及びその影響を軽減するための
緊急対策を講じる

地球温暖化は世界的な大問題となった。気温上昇による気候変動が
起き、猛暑、豪雨、山火事が多発している。CO_2 排出削減だけでな
く、脅威を増す気象災害からのダメージを最小化する備えが、持続
可能な経営に不可欠だ。

全ての国々において、気候関連災害や自然災害に対する強靱性（レジリエンス）及び適応の能力を強化する

インプット　すべての企業は、自然災害の被害を最小化し、早期に復旧できる対策を

SDGs　ケーススタディ　未来予想の知識を得て、対策の必要性を訴えよう

　ターゲットの「全ての国々」は「全ての企業」と置き換えて読める。他のターゲットに比べると短文だが、ターゲット13.1はメッセージとしてわかりやすい。

　ここ数年、気候変動が原因となった自然災害が多発しており、すべての企業に災害時でも事業を継続できる事業継続計画（BCP）策定が求められている。被災したとしても被害を最小に食い止める対策、被災から早期復旧できる強靱な体制づくりが求められている。

　富士通フロンテックは2020年1月末、熊谷サービスソリューションセンター（センター、埼玉県熊谷市）に燃料電池を設置した。自然災害による停電が発生しても、燃料電池が発電した電気を使ってセンターは営業できる。

　同社は現金自動預払機（ATM）や店舗の販売時点情報管理（POS）システムを提供している。センターでは不具合などの連絡を受け付けるコールセンター業務、トラブルの解消を遠隔から支援する保守サービスを手がけている。銀行、流通業ともに24時間の対応が求められるため、センターは災害時でも業務を継続する必要がある。

　燃料電池は水素と酸素を反応させて電気をつくる発電機。水素は天然ガスや都市ガスから取り出して発電に利用する。日本では家庭用燃料電池「エネファーム」が先行して普及してきたが、最近は工場やビルで使う業務用燃料電池の導入が増えている。富士通フロンテックはソフトバンクグ

ループのBloom Energy Japanから燃料電池を導入した。発電の能力を示す出力は250kW。

　地域が停電しても、天然ガスがあれば燃料電池は発電してセンターに電気を届けられる。富士通フロンテックはセンター内に天然ガスの貯蔵タンクも建設した。輸送網が途絶えてトラックによる天然ガスの輸送ができなくなっても、タンクにためた天然ガスで2週間は発電を続けられる。

　災害が起きても営業を継続する必要がある銀行や流通業は、安心して同社にコールセンター業務や保守サービスを依頼できる。同社にとっては燃料電池の設置によって「災害への対応を考えている」ことをアピールし、契約する顧客を増やせる。

　もう1つ、同社には燃料電池の導入によって二酸化炭素（CO_2）排出量を35％削減するメリットがある。これまでセンターは、全ての電気を電力会社から購入していた（電力系統からの供給）。設置した燃料電池は災害時だけでなく、平常時も運転して発電した電気でセンター全体の半分の電気を賄う。電力会社から供給を受ける電気が半減すると、CO_2排出が35％低減する。

　もともとセンターには停電に備えてエンジン式自家発電機はあったが、非常時のみの運用だった。燃料電池は日常的にも使用してCO_2を削減してくれる。つまり災害対策と気候変動対策を同時に達成できる。富士通フロンテックのような事例がターゲット13.1に合致する。

　日本企業にとって、気候変動が原因となった自然災害対策は待ったなしだ。2019年の台風被害は記憶に新しい。9月に発生した台風15号によって千葉県が大規模停電に見舞われ、10月に襲来した19号は関東甲信・東北の各地に大きな被害をもたらした。前年の2018年も9月に上陸した台風21号によって関西に大規模な被害が出た。2018年6-7月の西日本豪雨でも広域に水害・洪水が発生し、甚大な被害が出ている。

　相次ぐ自然災害による被害の影響は保険金の支払額にも現れている。日本損害保険協会によると、2018年度の自然災害による国内保険金支払額

（風水災）は、過去最高となる1兆5695億円にのぼった。前年度比8倍以上、直近のピークだった2004年度と比べても2倍以上に膨らんだ。2019年も大型台風による被害が各地に出ており、2年連続で巨額の支払額となりそうだ。

風水害が発生した地域ほど保険料は上がる。2018年と2019年は被害が地方に集中しており、保険料アップは中小企業の経営を圧迫する。保険に加入できない"保険難民"が増加すると、自然災害で事業継続を断念する企業が増える可能性がある。

地球の平均気温は産業革命前から1℃上昇した。「わずか1℃」と思うかもしれないが、台風や豪雨被害でわかるように「明らかな変化」が起きている。温暖化によって気候変動が起きたためだ。今後、災害は巨大化すると予想されている。しかも、いつ発生してもおかしくない状況であり、企業は災害が発生する前提で事業を検討する必要がある。

そのためにも、どのような規模の災害が、どのくらいの頻度で発生するのかを知る必要がある。環境の専門家なら「気候変動に関する政府間パネル（IPCC）」と呼ばれる国連組織が定期的に出している報告書を参考にして、将来の被害を予測するだろう。IPCCには世界の数千人の科学者が参加しており、気候変動による温暖化被害の予測をまとめた報告書としては世界でもっとも権威がある。

ただ、なかなか一般の人が目を通す機会はないと思うので、要点だけを書き出す。

- **世界全体の陸域で、強い降水現象の頻度、強度、または量が増加する**
- **洪水リスクにさらされる人（1976-2005年比）**
  1.5℃上昇＝2倍に増加　2℃上昇＝2.7倍に増加
- **定期的に熱波に襲われる人の割合**
  1.5℃上昇＝世界人口の13.8%　2℃上昇＝同36.9%

これだけ読んでも地球規模のことなので、自社の事業まで想定しづらい。もっとわかりやすく将来の温暖化被害を理解したいという人は、環境省

のホームページ「COOL CHOICE（クールチョイス）」にある動画「2100
年　未来の天気予報」を見てほしい（https://ondankataisaku.env.go.jp/
coolchoice/）。

　短い動画だが、全国140カ所で40℃を超える「激暑（げきしょ）」を記録し、風水
害が脅威を増す未来の気候が伝わってくる。

　もう少し詳しく知りたい方は、『気候変動の観測・予測・影響評価に関
する統合レポート2018〜日本の気候変動とその影響〜』（環境省、文部
科学省、農林水産省、国土交通省、気象庁）も参考になる。

　地球の平均気温が3.5-5.4℃上昇すると、真夏日（最高気温30℃以上の
日）となる日数は、沖縄・奄美地方で年86日、西日本太平洋側では67日
となる。沖縄・奄美は気温上昇が激しく、猛暑日（同35℃以上の日）は
54日以上、熱帯夜も91日以上増える。全国的にも真夏日、猛暑日、熱帯
夜は増える。同様に大雨の日数やゲリラ豪雨といった短時間強雨も増える。

アウトプット＼異常気象に備えた BCP

　このように地球の気候は変化していく。ターゲット13.1を企業への警
鐘と受け止め、自然災害が毎年のように発生するという前提に立って防
災、減災対策を検討する必要がある。

富士通フロンテックが導入した燃料電池

気候変動対策を国別の政策、戦略及び計画に盛り込む

インプット　気候変動対策を企業の経営戦略や事業計画に盛り込む。

SDGs　ケーススタディ　目指すべきものを設定し、具体的な対策を打ち出す

　企業が取り組む気候変動対策は2つある。1つがCO_2の排出削減。地球温暖化を食い止め、エネルギーの使用を抑えてCO_2削減に取り組む。もう1つが、気候変動が招く自然災害から事業を守る防災だ。防災についてはターゲット13.1で触れた。

　CO_2削減が必要とわかっていても、削減目標を持つ企業のほとんどは大企業だろう。例えば「2030年までにCO_2排出量を30％削減する」などの目標を持つ中小企業は少数と思う。

　目標設定は義務ではないので、中小企業に目標がなくて不思議ではない。また日本ではCO_2削減を強制する法律もないので、目標が未達成であったり、排出量が増えたりしても罰則もない。ただ、目標はあった方が良いと思う。「目標」という表現でなくても、自社におけるCO_2削減の方針や戦略は必要だろう。

　政府は2015年、2030年度までに日本全体の温室効果ガス排出量を2013年度比26％削減する目標を定めた。さらに2019年6月には、2050年に80％減を目指す長期目標も策定した（「パリ協定に基づく成長戦略としての長期戦略」）。

　2030年度の「26％減」は内訳があり、工場などの産業部門には2013年度比6％減を求めた。対してビルなどの業務部門、私たちが暮らす家庭部門とも40％近い削減が要請されている。産業部門は「緩い」と思われるかもしれないが、大企業が自主的につくった目標をみると6％減よりもはるかに高い目標を設定しているとわかる。

　例えば、小野薬品工業は2030年度までに2017年度比55％減が目標

だ。他にも、NECは2030年度までに2017年度比33％減、ユニ・チャームは2030年度に2016年比34％減を目指している。他の大企業も30％前後の削減を目標としている。参考までに、大企業各社の目標は経団連の「2050年を展望した経済界の長期温暖化対策の取組み」で一覧できる（https://www.keidanren.or.jp/policy/2019/001.html）。

　おそらく政府の「2030年26％減」が目安となっているのだろう。また、世界が合意した「パリ協定」の達成にも2030年時点で30％前後の削減が必要と考えたのだろう。

　中小企業にもCO$_2$削減目標の設定を勧めたい。国、企業とも2030年の30％前後の削減が共通認識であれば、日本社会は30％前後の削減に向けて動くと考えるのが普通だ。であるのなら目標を持たない中小企業にも同レベルの厳しい排出削減が迫られる。

　2030年になった時点で慌てて30％減をするのはたいへんだ。仮に、2030年30％減という目標を決めておくと、少しずつでも準備できる。例えば、工場の省エネルギー計画を立て、新しい設備への更新は何年までに実施する、何年ぐらいには太陽光パネルを取りつける、などの検討ができる。導入する設備の基準もはっきりする。エネルギー使用が30％少なく、CO$_2$を30％削減できる設備を選んでおくと、何度も設備を買い替える負担を抑えられる。

　余裕を持った準備ができれば、急に厳しい規制ができても対処しやすい。日本には現状、CO$_2$削減を強制する法律はないが、東京都は環境確保条例によって都内にある大規模な事業所（ビル、工場など）に対し、CO$_2$排出削減を義務化している（「温室効果ガス排出総量削減義務と排出量取引制度」を2010年4月スタート）。同じように他の自治体での条例によってCO$_2$削減を義務化する可能性がある。国としても2030年26％減、その先の2050年80％減に向けて具体的な削減策を打ち出すかもしれない。法律がある、ないは別とし、世の中が削減に進む方向に変わりはない。そうであるなら、自社も削減目標を掲げてもおかしくない。

また、CO_2排出が減るということは、エネルギーの使用量が少なくなるのと同じだから、電気代やガス代の節約になる。企業経営にとってコストダウンはメリットだ。

　大企業も中小企業のCO_2排出量を気にしている。実際、「取引先とともにCO_2削減を進める」と表明する大企業も目立つ。大企業がCO_2を減らしても、取引先が大量に排出していたら結局は地球温暖化への影響は大きいままだ。NGOも、大企業がCO_2排出を取引先に押しつける行為を「カーボンリーケージ（炭素漏れ）」として批判的に見ている。

　実際の大企業の目標を見ると、ソニーは「製造委託先に対し、温室効果ガス排出量の把握と1％／年の原単位削減を求める」「おもな製造委託先に対し、再生可能エネルギー導入を求める」（Green Management 2020目標）としている。中小企業もCO_2削減目標を持ち、取り組む姿勢を示すことで大企業へのPRになる。

　環境省は「脱炭素経営による企業価値向上促進プログラム」という事業で、中小企業の目標設定を支援している。関心がある企業は思い切って応募してはどうだろう。

日本経済団体連合会の会員企業団体における「長期ビジョン」策定状況

1. 策定・公表済み	123 企業・団体
2. 策定に向けた検討作業中	141 企業・団体
（1）2019 年度中の策定・公表を予定	35 企業・団体
（2）2020 年度以降の策定・公表を予定	57 企業・団体
（3）策定・公表時期未定	49 企業・団体

（2020 年 7 月 31 日時点）

（日本経済団体連合会HPから作成）

　CO₂ の削減はコストダウンにもつながる

　繰り返しになるが、CO₂排出削減目標をつくると、社会のCO₂削減に歩調を合わせた戦略的な対応ができる。例えば「2030年に30%減」を目標として定めておくと、その数字をベースに設備投資の時期、導入する機種の性能（CO₂削減率）を選定できる。

　CO₂が減ると、電気代やガス代の節約になり、コストダウンにもなる。取引先のCO₂排出量に注目している大企業もあり、中小企業にとっては目標があることで、大企業へのPRにもなる。

ターゲット　13.3
気候変動の緩和、適応、影響軽減及び早期警戒に関する教育、啓発、人的能力及び制度機能を改善する

ターゲット　13.a　　気 づ き

重要な緩和行動の実施とその実施における透明性確保に関する開発途上国のニーズに対応するため、2020年までにあらゆる供給源から年間1,000億ドルを共同で動員するという、UNFCCCの先進締約国によるコミットメントを実施するとともに、可能な限り速やかに資本を投入して緑の気候基金を本格始動させる

インプット　環境問題の解決を支援する金融を知っておこう

SDGs　ケーススタディ　緑の気候基金が環境ビジネスを後押し

　このターゲットの最後に出てくる「緑の気候基金」に関連し、「環境問題と金融」の最近の動向について簡単に解説したい。その前に「UNFCCC」

について紹介しよう。

　UNFCCCとは国連気候変動枠組み条約の略称。国際社会が協調し、地球温暖化の防止に取り組むと約束した条約だ。地球の気温上昇（地球温暖化）と、その影響で起きる異常気象を「気候変動」と呼ぶ。気温上昇による異常気象を国際社会は警戒し、1992年の国連地球サミットで気候変動枠組み条約を採択した。200カ国近い国が条約を締結し、すでに30年近く温暖化防止に取り組んでいる。気候変動枠組み条約の下で、参加国の具体的な行動を決めたルールが「京都議定書」と「パリ協定」だ。京都議定書は1997年に京都で開催されたCOP3（気候変動枠組み条約第3回締約国会議）で決まった。パリ協定は、2015年のフランス・パリでのCOP21（気候変動枠組み条約第21回締約国会議）で合意された。締約国はパリ協定のルールに従い、温暖化対策に取り組んでいる。

　「緑の気候基金」も気候変動枠組み条約の下で運用されている基金だ。先進国の政府が資金を出し合い、集まった資金を開発途上国の温暖化対策に使う。再生可能エネルギー発電所や水力発電所の建設、大規模な森林保全など、さまざまなプロジェクトに資金が使われている。

　外務省のホームページによると2018年までに日本を含む29カ国が総額約98億ドルの拠出を表明した。そして、これまでに合計129件のプロジェクトへの資金支援が決まっている（外務省HP 2020年6月27日アクセス）。

　緑の気候基金でユニークと思うのが、民間企業もプロジェクトを提案できること。通常、先進国の企業は途上国でのビジネスをためらう。太陽光発電所を建設して電気を販売しても、現地の物価水準に合わせて電気代を安くしないといけないので投資回収に時間がかかる。森林整備のプロジェクトにしても利益を見込みにくく、民間企業は儲けを期待しにくい。

　それが緑の気候基金からの資金支援があれば、ためらう企業も途上国でビジネスを始めやすい。資金支援が背中を押してくれるので、途上国でプロジェクトの「初めの一歩」を踏み出すことができる。そして、プロジェ

クトが軌道に乗ると途上国の市場で先行できる。

　緑の気候基金は世界的な制度だが、金融を上手に活用した環境対策や社会貢献は増えており、本書でもいくつか紹介している。

・グリーンボンド（ターゲット7.a）
・ソーシャル・インパクト・ボンド（ターゲット8.3）
・クラウドファンディング（ターゲット9.3）

　もう1つ「環境問題と金融」のテーマで言うと、「本当に環境問題に役立つ投資なのか」が問われ始めた。「地球にやさしい」「グリーン」「低環境負荷」「高効率」など、環境貢献を表す表現はいくつもある。今、欧州では「本当に環境に貢献するもの」を見極めようとする動きが出ている。うわべだけで環境貢献を名乗る商品やプロジェクトを排除しようとする流れだ。

　加盟国閣僚がメンバーのEU理事会は2020年4月15日、タクソノミー関連規制案を可決した。製品や設備投資による環境貢献に線を引き、「最上位の環境貢献」とそれ以外に分類するのが欧州タクソノミーだ。

　地球温暖化対策の商品やプロジェクトであれば、2050年のCO_2排出量ゼロ（脱炭素）に貢献できるか、どうかが基準だ。燃料電池車や電気自動車は脱炭素に貢献するのでタクソノミーに適合する。CO_2を排出する車両でも厳しい排出規制をクリアすると適合可能だ。再生可能エネルギー発電所は合致するが、ガス火力発電はCO_2回収装置を設置しないと合致は難しい。

　EU域内の金融機関は、タクソノミー基準に適合したプロジェクトにどれだけ投融資したかを公表する義務を負うので、資金を「本物の環境貢献」に使ったか、どうかが問われる。企業も「地球にやさしい」や「低環境負荷」と言うだけでは、投融資を受けにくくなりそうだ。

　タクソノミー関連規制案は欧州議会に送られて2020年末の成立、

2021年末からの一部先行運用が予定されている。欧州で始まった制度は世界へ、そして日本へ伝播するのがこれまでの常だ。いずれ日本でも「本物の環境貢献かどうか」が問われる時が来る。企業は自社の製品やプロジェクトを点検し、「本物」と胸を張って言えるように準備しておく必要があると思う。

アウトプット　取り組みに自信を持つ

　環境ビジネスを後押ししてくる金融が増えている。企業も新しい金融を知っておくと、いずれ役立つ時が来そうだ。

　「本物の環境貢献」が問われる時代も、確実に来ると思う。SDGs全般にも言えるが、「本当にSDGsに貢献していますか」と質問された時、企業は「ちゃんと貢献しています」と言えるだけの準備が必要だろう。本気でSDGsに取り組む企業が、金融的にも応援してもらえるはずだ。

・・

ターゲット　13.b

後発開発途上国及び小島嶼開発途上国において、女性や青年、地方及び社会的に疎外されたコミュニティに焦点を当てることを含め、気候変動関連の効果的な計画策定と管理のための能力を向上するメカニズムを推進する

環境問題に関心を持つ若者

岡田実奈美氏・小野颯太氏に聞く
「日本企業の気候変動対策は？」

就職活動にも企業のESG評価

　若者の間で企業の気候変動対策への関心が高まっている。SDGsへの取り組みを基準に就職先を選ぶ学生もいるという。実際はどうなのか、2019年に大学を卒業後、環境NGO「CDPジャパン」の職員となった岡田実奈美さん、現在大学で環境問題を学ぶ小野颯太さん（国際基督教大学4年）に聞いた。（松木喬）

―日本企業の印象は。

岡田さん「CDPに就職し、気候変動対策を頑張っている日本企業が多いことに驚いた。どちらかというと日本企業はネガティブな印象だった。欧州企業が先進的と報道されることが多く、日本企業はもっとアピールしてほしい」

小野さん「私もCDPにインターンシップ（就業体験）し、意外にも日本企業が熱心だと初めて知った。以前、日本企業は何もしてないイメージだった」

岡田実奈美さん

―企業のサステナビリティーに関心を持つ若者が増えていると言われています。お二人の周囲はいかがですか。

岡田さん「友人は就職試験の面接で、企業幹部がSDGsを知らずにがくぜんとした。そして友人はその企業を就職先から外した。学生は、幹部のSDGsや環境問題への意識も見ている」

小野さん「就職活動の雑誌にも企業のESG（環境・社会・企業統治）評価が掲載されている。中身がわからなくても、評価された企業が選択肢になる。また、企業のウェブサイトを調べ、理念として社会課題解決を目指す企業を志望する学生がいる」

小野颯太さん

―環境問題に興味を持ったきっかけは。

小野さん「大学2年の授業で、（途上国における過酷な労働を描いた）映画『ザ・トゥルーコスト』を見て、隠れた部分にある社会問題に気づいた。同時期の環境科学の授業で、環境問題の深刻さを知った。表面的なことしか理解しておらず、もっと勉強を深めたいと思った」

岡田さん「大学3年の時、ラテンアメリカの社会問題としての水資源を論文テーマに選び、気候変動にも興味を持った。その1年後、来日したチリの方を案内する機会があった。彼女は自分のおしぼりを持ち歩くなど、行動一つひとつが環境に配慮していた。私には衝撃であり、もっと環境に気をつけないといけないと思った」

―岡田さんが就職先として環境NGOを選んだ理由は。

岡田さん「仕事でも水問題の解決に関わりたいと思っていた。ただし、水は気候変動にも、森林にも関連する課題。総合的な情報を社会へ発信したいと思い、CDPを選んだ」

（日刊工業新聞2020年4月3日付5面記事転載）

Part 14

海の豊かさを守ろう

持続可能な開発のために、海洋・海洋資源を
保全し、持続可能な形で利用する

海へのプラスチックごみの流出阻止は、世界共通の目標となった。
企業の社員食堂からもムーブメントが起きようとしている。捕りす
ぎず、自然を汚さずに漁獲した魚貝類を料理したメニューを提供す
る社食が増えている。

2025年までに、海洋ごみや富栄養化を含む、特に陸上活動による汚染など、あらゆる種類の海洋汚染を防止し、大幅に削減する

インプット　海のプラスチックごみを減らそう

SDGs　ケーススタディ　海洋プラスチック問題は「予防原則」

　2019年6月、世界の主要国の大統領、首相が日本に集まって開催されたG20大阪サミットの共同宣言に「大阪ブルー・オーシャン・ビジョン」を共有すると明記された。ビジョンは、海洋プラスチックごみによる新たな汚染を2050年までにゼロにすることを目指す。

　ビジョンとターゲットを接続すると、1つの文章になる。

　「2025年にあらゆる種類の海洋汚染を防止、大幅に削減し（ターゲット）、2050年までにプラスチックごみによる新たな汚染ゼロを目指す（大阪ブルー・オーシャン・ビジョン）」

　海洋汚染防止に向けて2025年までは大幅削減の段階、そして2050年には汚染ゼロを達成する段階だ。

　G20大阪サミットが開催され、海に漂うプラスチックごみが社会問題として関心が高まった。環境保護を訴えるシンポジウム・セミナーに行くと、廃プラスチック製品で埋め尽くされた海岸、レジ袋が舞う海中で泳ぐダイバーの画像などが紹介された。顔にストローが突き刺さった亀、解剖したウミドリの体内から取り出したプラスチック片の写真は衝撃的だった。映像には力がある。見ただけで海がプラスチックごみに汚染されていることが伝わる。

　英シンクタンクのエレン・マッカーサー財団が2016年に発表した報告

書のインパクトも大きい。現状のまま海の廃棄プラスチックが増え続けると、2050年までに海洋中に存在するプラスチックが魚の重量を上回ると試算した。プラスチックごみが海の生態系を破壊していく実感がわく。

　余談だが、海外のシンクタンクは数字を実感の持てる形で伝えてくれる。2050年という先のことでも、現状の状況が続くと大変なことになると想像させてくれる。

　他にも、商品を包んでいるプラスチック製容器包装の95％が1回使用されただけで廃棄されており、経済損失にすると年800億-1200億ドル（約9兆-14兆円）になる。最大14兆円のプラスチックを簡単に捨ててしまっているということだ。

　また、海に流れ出るプラスチックは年間800万tと推定される。これは1分間にごみ収集車1台分のプラスチックごみを海に捨てている計算になる。

　大きな数字でも魚、金額、1分間での影響に置き直すと、実感が持てるようになる。そして、何か対策を打たないと大変なことになると思わせてくれる。「2050年に魚の重量を超える確率は何％か」などと試算に対して疑問を投げかける人もいるが、「本当に魚の重量を超えないように今から努力しよう」「現実を変えよう」と行動を起こすことが大事だ。

　海洋プラスチックごみ問題は「不可逆な問題」であり、予防原則のアプローチが必要とよく言われる。

　一度、海に流れ出たプラスチック製品の回収は難しい。海岸に打ち上げられたり、海に浮かんでいたりするプラスチック製品は回収できる。しかし、海底に沈んだプラスチック製品の回収は難しい。紫外線を浴びて劣化し、波で砕かれて細かくなったマイクロプラスチック（5mm以下）の回収はさらに困難だ。

　魚や貝がマイクロプラスチックを食べ、その魚・貝を食べた人間の健康に影響が出る可能性が指摘されている。健康被害が発覚してからでは、海からプラスチックを回収したくても方法がない。一度、海に流れ出たプラ

スチック製品の回収は難しいからだ。だから、被害が出てから後戻りしたくてもできない不可逆な問題であり、問題が起きる前に行動する「予防原則のアプローチ」が必要なのだ。

海を汚さないようにするのは市民として当然のこと。企業も海の汚染を引き起こさないように事業活動をしている。ただし、プラスチックの海への流出を「100%防いでいる」と言えるのか、念のため確認してほしい。自社のプラスチック製品が、いつの間にか海へ流れ出ているかもしれない。

一般社団法人のピリカ（東京都渋谷区）が、全国の河川や港湾など100地点でマイクロプラスチックの浮遊調査をしたところ、意外なプラスチック片が見つかった。

調査は2019年6-11月、関東から沖縄までの河川61地点と港湾11地点、琵琶湖で実施した。採取したマイクロプラスチックを分析したところ、14%が人工芝の破片だった。100地点中75地点で見つかった。他にも肥料を被膜していたカプセル、ブルーシートやロープの破片と推測されるマイクロプラスチックが多く確認できた。結果はホームページで公開している。

人工芝の破片は、スポーツ施設から流出していると考えられる。競技中の衝撃によってちぎれ、雨水などを集める側溝に入り、河川や海に流出しているようだ。

肥料のカプセルは水田で使われていた。内部の肥料がなくなるとカプセルだけが水田から河川、海へ流れ出す。砂浜に多く見られる、小石ほど小さくて白っぽくて丸いものがカプセルだ。

人工芝は天然の芝に変えることで流出を防げるだろう。カプセルは水中などで溶けて分解される生物由来の素材に代替できないだろうか。ブルーシートやロープも代替化の優先度が高そうだ。

ピリカは、小嶌不二夫代表が2011年に設立した企業と同名。企業のピリカは、水中に浮遊するマイクロプラスチックを回収する装置を開発したベンチャーだ。河川や海に漂うマイクロプラスチックの回収が目的ではな

く、流出の原因を突き止めることを目的として活動している。どこから、どれだけ、プラスチックが排出されているかわかれば、どんな対策を打てば効果が出るかわかるからだ。先ほどの「予防原則のアプローチ」につながる。

　環境省の2018年度の調査によると、沖合海域の109地点においてマイクロプラスチックが見つかっている。2014年度からの調査と合わせると、北陸から東北沖までの日本海北部、山陰西部沖、九州・四国の太平洋岸、津軽海峡から三陸沖にマイクロプラスチックが高濃度に浮遊する地点があるとわかった。

　海上で見つけた漂流ごみは、関東周辺ではレジ袋、西日本の日本海側では発泡スチロールの分布密度が高かった。東京湾、伊勢湾、大阪湾、別府湾の海底ではシート、ペットボトル、レジ袋が多く見つかった。

　意図的に海に捨てられたプラスチック製品は多くないはずだ。メーカーや使用者の意図しない形で、海に流出しているのだと思う。企業は、気づかないうちに海に流出している製品はないか、点検してみよう。行政などが河川や海に漂流しているプラスチックごみを調査しており、ある日突然、自社の製品だと特定されるかもしれない。

　不可逆な問題であり、外部から指摘される前に、自分たちで流れ出している製品を発見し、対策を講じることが大事だ。プラスチック以外の代替素材の開発にも着手できる。

アウトプット　予防原則のアプローチに立ってみよう

　海の汚染に関わる企業は少ない。どの企業も海が汚れないように気を配っているはずだ。しかし、海と関係のない事業をしていても、思わぬ形で自社の製品が海に流出しているかもしれない。おそらく人工芝のメーカーも、スポーツ施設も、人工芝の破片が流れ出ているとは思っていないはずだ。レジ袋や発泡スチロールも、意図的に海に捨てている人はいない。何かの拍子で流出したと考えられる。

まずは、作った製品、使っている製品に流出の可能性がないか点検しよう。可能性があれば、対策を講じよう。

ストローの廃止、レジ袋の配布有料化など、使い捨てプラスチック削減の機運が高まっている。「やめたところで、海の汚染に関係がない」「本当に海の生態系に影響があるのか」と疑問を呈する人がいる。この海洋プラスチックごみ問題は、被害が見つかってからだと手遅れの不可逆な問題であり、問題が起きる前に行動する予防原則のアプローチに立ち、国際社会が解決に向けて動いていることを理解しよう。

ターゲット　14.2　　新しい活動

2020年までに、海洋及び沿岸の生態系に関する重大な悪影響を回避するため、強靱性（レジリエンス）の強化などによる持続的な管理と保護を行い、健全で生産的な海洋を実現するため、海洋及び沿岸の生態系の回復のための取組を行う

インプット　沿岸の生態系を保全

SDGs　ケーススタディ　マングローブの植林で、防災にも、生態系の回復にも貢献

東京海上日動火災保険はアジア・太平洋地域9カ国の沿岸にマングローブを植林している。1999年4月-2018年3月の19年間の活動成果を金額に置き換えて評価したところ、植林によって累計1185億円に相当する効果があったことがわかった（東京海上ホールディングス2019年10月8日リリース、日刊工業新聞2019年7月18日付）。

東京海上グループはインターネットで保険の契約内容を確認できる「Web約款」の利用による紙使用削減額の一部を環境活動に充てている。これまでに海岸1万haにマングローブを植林した。

　企業による植林活動は、環境貢献だけで評価されることが多い。同社は三菱総合研究所に協力してもらい、住民生活や防災など社会貢献の価値も含めて金額化した。

　マングローブ林ができたことで海がきれいになり、近海で魚介類が増えて漁獲高が増えた。漁業として355億円の生産高アップに貢献したという。マングローブ林周辺の魚介類、木材、伝統薬などの生産物も142億円増え、漁で生計を立てる住民14万人の生活を支えた。

　海岸の浸食防止で253億円、異常気象による自然災害の被害軽減でも126億円の効果を確認した。マングローブが「天然の堤防」の役割を果たすので、コンクリートで堤防を築く工事費用などを省けた。さらに、マングローブによって暴風雨、高潮、浸食などの被害を免れた住民を194万人と推定した。2018年3月までの植林で125万tの二酸化炭素（CO_2）を吸収した。

　通常のボランティアによる環境活動は、どのくらい貢献したのか、貢献を量として計測することが難しい。それを金額に換算してみると「貢献の大きさ」がわかる。その貢献をターゲット14.2に沿って見てみると、マングローブの植林によって魚が増えるので、「健全で生産的な海洋を実現するため、海洋及び沿岸の生態系の回復のための取組を行う」に貢献できた。さらに暴風雨、高潮、海岸浸食から住民を守る防災でも効果があることが「強靱性（レジリエンス）の強化」にも役立った。

　Web約款の利用が増え、印刷する「紙の約款」が減ることで浮いた用紙の使用削減額の一部を植林費用に充てている。実際の植林は公益財団法人オイスカ、NPO国際マングローブ生態系協会が担当する。同社は保険会社ではあるが、マングローブ林保全のために活動する団体との連携によって、海洋資源保護のゴール14達成に貢献している。

　リコーのオフィス複合機（コピー機・スキャナーなど）を販売するリコージャパンも、製品・サービスの契約実績に応じてアジアにマングローブを植林する活動を始めた。製品・サービスを利用した顧客もSDGs達成

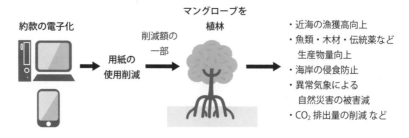

東京海上グループのマングローブ植林による効果のイメージ

約款の電子化　→　用紙の使用削減　→　削減額の一部　→　マングローブを植林　→
・近海の漁獲高向上
・魚類・木材・伝統薬など生産物量向上
・海岸の侵食防止
・異常気象による自然災害の被害減
・CO_2排出量の削減 など

に貢献にできる仕組みだ。顧客にも植林を報告する。

アウトプット　顧客も SDGs に参加する仕組み

　マングローブに限らず、沿岸の森林は暴風雨や高潮、海岸浸食を和らげ、地域を守る役割がある。

　近年では温暖化が進み、自然災害が猛威を振るっている。台風のような強烈な風が大波を巻きあげ、高潮や海岸浸食を起こすことが増えた。特に、高潮被害が多いアジアの途上国では、沿岸のマングローブ林の役割が再認識されている。

　東京海上日動火災保険やリコージャパン以外でも、製品の販売を利用して沿岸の植林活動に貢献できるのではないだろうか。

ターゲット　14.3

あらゆるレベルでの科学的協力の促進などを通じて、海洋酸性化の影響を最小限化し、対処する

ターゲット　14.4　新しい活動

水産資源を、実現可能な最短期間で少なくとも各資源の生物学的特性によって定められる最大持続生産量のレベルまで回復させるため、2020年までに、漁獲を効果的に規制し、過剰漁業や違法・無報告・無規制（IUU）漁業及び破壊的な漁業慣行を終了し、科学的な管理計画を実施する

インプット　「海のエコラベル」海産物を選ぼう

SDGs　ケーススタディ　企業から企業へ。サステナブル・シーフードのノウハウを伝承

　ゴール14全般に言えることだが、国の規制当局や海洋資源を扱う企業でないと直接の参加が難しいターゲットが多い。ただし、すべての企業が、まったく参加できないという訳ではない。間接的ではあるが、達成に貢献する手段がある。その1つが「海のエコラベル」と呼ばれる認証食材の購入だ。

　国際認証として「MSC」「ASC」が有名だ。ターゲット12.7でも紹介したが、MSCは、魚や貝など水産資源に関連する認証。捕りすぎず水産資源を守り、海を汚染せずに漁獲した海産物であることを示す。

　ASCは養殖が対象。魚介を育てるための薬品による汚染、エサのとりすぎによる生態系破壊などのない養殖が認証の条件だ。ともにNGOなど民間主導でできた認証だが、環境を守り、社会にも配慮して生産した持続可能な海産物の証として国際的に認められている。

　ターゲット14.4は、乱獲によって海の生き物が極端に減らないように対策を講じるように求めている。自然に繁殖し、成長するスピードを考えて適切な量を捕れば、「生物学的特性によって定められる最大持続生産量のレベル」になる。

適切な量を守って操業する漁業関係者が多い。大漁だと儲けも多いが、将来の捕る魚がいなくなる。そうなると漁業が持続可能でなくなると考え、捕りすぎないように操業しているのだ。私たちが海のエコラベルの認証がある海産物を選んで食べると、持続可能性を考えている生産者を支援できる。

　パナソニックは、MSC・ASC認証の海産物を調理した「サステナブル・シーフード」を社員食堂で提供している。社食の食材としてMSC・ASCを選ぶことでターゲットに貢献しようとしている。従業員も昼食を食べる普段の行動でSDGs活動に参加できる。同社は2018年3月に大阪府の本社にサステナブル・シーフードを導入後、2020年3月末に42拠点、1年後の2021年3月末には100拠点へと拡大する。家電メーカーであるパナソニックにとってゴール14は関係性が薄いと思われるが、サステナブル・シーフードの提供によって貢献できる。

　生産者だけでなく、社食を運営する給食会社もMSC・ASCの認証がないとサステナブル・シーフードを提供したことにはならない。パナソニックの働きかけがあり、給食会社13社が認証を取得し、食品流通会社にも認証が広がった（日刊工業新聞2020年3月27日付）。

　損保ジャパン、デンソー、JXTGホールディングス（現ENEOSホールディングス）、横浜銀行、三井住友海上火災保険なども社食にサステナブル・シーフードを採用した。1社だけでは調達量が限られ、MSC・ASCは普及しない。採用企業を増やすことが、漁獲量を守って操業する生産者の支援につながる。

　タムラ製作所も2020年1月27日から月1回、東京都と埼玉県の2拠点でサステナブル・シーフードの提供を始めた。初回は白身魚フライカレーなど4品、全420食を用意した。

　同社が委託する給食会社、はな籠（埼玉県東松山市）は、給食会社としての規模が小さく、認証の進め方に戸惑った。タムラ製作所CSR推進本部の岡本恭一副本部長は、はな籠の担当者とともに、パナソニックの講演を

聴講し、同社CSR・社会文化部の喜納厚介課長に来社してもらって助言を得て認証に取り組んだ。

タムラ製作所の食堂には、パナソニックの食堂と同じサステナブル・シーフードの掲示物がある。パナソニックが他社も活用できるように用意した啓発ツールだ。

サステナブル・シーフードをめぐり、先行する企業が、導入を検討する企業にノウハウを教える連携が始まっている。

アウトプット　**食べることを通して海の環境問題を考える**

食品メーカーなど、海産物を加工する企業でなくても、海洋資源の保護に貢献できる。従業員にとっても身近な食堂でSDGsに参加でき、「食べる」ことが海の環境問題について考えるきっかけになる。食品スーパーでもMSC・ASCの食材が売られており、日常の買い物でも海の持続可能性に貢献できる。魚を食べる機会になるので、食生活の改善にもつながりそ

タムラ製作所の社員食堂の掲示物

うだ。

パナソニックが40拠点以上、デンソーも30拠点以上にサステナブル・シーフードを導入した。ただし、まだまだ一部企業による先進的な取り組みにとどまっている。中堅・中小企業の社食に導入しようと思うと、認証コストやMSC・ASC認証食材の調達ルートの確保などで課題がある。サステナブル・シーフードをめぐっては、企業が知恵を出し合って解決策を考える連携が生まれている。中堅・中小企業も諦めず、先行する企業に相談してみると良いだろう。

もちろんMSC・ASCの認証を取得していなくても、漁獲量を守って操業する生産者がいる。乱獲や違法操業による海産物を購入しないように、普段から気をつけよう。

- -

ターゲット　14.5

2020年までに、国内法及び国際法に則り、最大限入手可能な科学情報に基づいて、少なくとも沿岸域及び海域の10パーセントを保全する

- -

ターゲット　14.6

開発途上国及び後発開発途上国に対する適切かつ効果的な、特別かつ異なる待遇が、世界貿易機関（WTO）漁業補助金交渉の不可分の要素であるべきことを認識した上で、2020年までに、過剰漁獲能力や過剰漁獲につながる漁業補助金を禁止し、違法・無報告・無規制（IUU）漁業につながる補助金を撤廃し、同様の新たな補助金の導入を抑制する

- -

ターゲット　14.7

2030年までに、漁業、水産養殖及び観光の持続可能な管理などを通じ、小島嶼開発途上国及び後発開発途上国の海洋資源の持続的な利用による経済的便益を増大させる

ターゲット　14.a

海洋の健全性の改善と、開発途上国、特に小島嶼開発途上国および後発開発途上国の開発における海洋生物多様性の寄与向上のために、海洋技術の移転に関するユネスコ政府間海洋学委員会の基準・ガイドラインを勘案しつつ、科学的知識の増進、研究能力の向上、及び海洋技術の移転を行う

ターゲット　14.b

小規模・沿岸零細漁業者に対し、海洋資源及び市場へのアクセスを提供する

ターゲット　14.c

「我々の求める未来」のパラ158において想起されるとおり、海洋及び海洋資源の保全及び持続可能な利用のための法的枠組みを規定する海洋法に関する国際連合条約（UNCLOS）に反映されている国際法を実施することにより、海洋及び海洋資源の保全及び持続可能な利用を強化する

Part 15

陸の豊かさも守ろう

陸域生態系の保護、回復、持続可能な利用の
推進、持続可能な森林の経営、砂漠化への
対処ならびに土地の劣化の阻止・回復及び
生物多様性の損失を阻止する

ゴール15は2020年までの目標。その理由は、日本で生まれた「愛
知目標」がゴール15のベースだから。工場内での希少種の保護、林
業ビジネスへの参入、森林保全に資金が届く制度の活用によって生
物多様性保全に参加できる。

2020年までに、国際協定の下での義務に則って、森林、湿地、山地及び乾燥地をはじめとする陸域生態系と内陸淡水生態系及びそれらのサービスの保全、回復及び持続可能な利用を確保する

インプット　生物多様性、愛知目標、ポスト愛知を理解しよう

SDGs ケーススタディ ビジネスと生物多様性

　ゴール15には13個のターゲットがある。そのうちターゲット15.1を含めた5つのターゲットが「2020年まで」を期限とする。SDGsは2030年までの世界目標のはずだ。それにもかかわらず「2020年」が期限となっているのは、ゴール15が「愛知目標」に準拠しているからだ。

　愛知目標は生き物を守るための2020年までの世界目標。2010年に名古屋市で開催された国連の生物多様性条約第10回締約国会議（COP10）で決まった。SDGsのゴール15の各ターゲットへの理解を深めるために愛知目標を知る必要がある。その前に「生物多様性」を復習しよう。

　生物多様性とは「生きものたちの豊かな個性とつながりのこと」（環境省）。数多くの動植物が生息し、種、生態系、遺伝子の多様性が保たれた状態を生物多様性という。生物の多様性が保たれているから、企業は天然資源の調達、生産で使う水、廃水や空気の浄化などの恩恵を受けている。

　ある生物が著しく減少して多様性が失われると、自然からの恵みを受けられなくなる。わかりやすい例がミツバチだ。花粉を媒介するミツバチが減ると農作物の収量が落ち込み、人間の生活にも影響が出る。科学者たちはミツバチなど花粉媒介生物の減少により年5770億ドル（約61兆円）の農産物生産が減るとの被害予測を示している。

　生物多様性条約は、地球規模で生き物を守るための国際条約。温暖化対策の「気候変動枠組み条約」と同じ1992年の国連の会議で採択された。

条約を結んだ国の代表が集まって対策を話し合う締約国会議（COP）を2年に一度のペースで開いている。

　愛知目標は、10回目の会議である名古屋市でのCOP10で決まった。生物多様性の損失を止めることを目指し、具体策として20の個別目標を定めた。

（以下、抜粋）

目標1　人々が生物多様性の価値と行動を認識する

目標2　生物多様性の価値が国と地方の計画などに統合され、適切な場合に国家勘定、報告制度に組み込まれる

目標5　森林を含む自然生息地の損失が少なくとも半減、可能な場合にはゼロに近づき、劣化・分断が顕著に減少する

　このように具体的な手段や目標が掲げられているが、2020年までにほとんどが未達で終わりそうだ。

　2020年10月には中国雲南省昆明市でCOP15が開催され、愛知目標に代わる新目標（ポスト愛知目標）が決まるはずだったが新型コロナの影響で開催が延期された。生物多様性条約事務局が2020年1月に公表した草案は「2030年・2050年ゴール」と「2030行動目標」の2本立て。長期ビジョンに当たる「2030年・2050年ゴール」は2030年までに生物多様性の損失を実質ゼロにし、2050年までに20％以上の向上を目標とした。

　2030行動目標は愛知目標と同様、20の個別目標がある。同じ世界目標である地球温暖化対策のパリ協定やSDGsと関連づけたのが特徴だ。

（抜粋）

目標4　2030年までに、過剰な栄養、殺生物剤、プラスチック廃棄物等からの汚染を50％以上減らす

目標14　国内・国際的なサプライチェーンに関するものを含む経済セク

ターを持続可能な形態に改革し、2030年までに生物多様性へ
の負の影響を50%以上削減する

目標16 2030年までにすべての国で、バイオテクノロジーによる生物多
様性への潜在的な負の影響を防止するための措置が確立され、
実施される

1月時点の草案だが「プラスチック」「50%以上削減」など具体的な名
称や削減目標が示されており、今後の企業活動に影響が出そうだ。

生物多様性やポスト2020生物多様性枠組策定に向けた国際的な動向

2010	生物多様性条約第10回締約国会議（COP10）を愛知県名古屋市で開催 ➤愛知目標（戦略計画2011－2020）採択 ➤名古屋議定書採択
2012	生物多様性国家戦略2012-2020を閣議決定
2013	IPBES第1回総会（ボン・ドイツ）
2014	COP12（韓国・ピョンチャン）： 愛知目標の中間評価（GBO4）
2018	COP14（エジプト・シャルムエルシェイク）： 新たな目標（「ポスト2020生物多様性枠組」）の検討プロセスを採択
2019	IPBES第7回総会（フランス・パリ） 生物多様性と生態系サービスに関する地球規模アセスメント政策決定者向け要約の承認
	ポスト2020生物多様性枠組の検討プロセス ・公開ワーキンググループ（OEWG：①2019/8ナイロビ、②2020/2昆明、③2020/7カリ） ・地域別ワークショップ（アジア太平洋地域ワークショップを2019年1月に名古屋で開催） ・テーマ別ワークショップ ・パートナー組織による会合（ランドスケープアプローチに関する専門家テーマ別ワークショップを2019年9月に熊本で開催） ・文書での意見募集（日本からこれまで4回提出） ・条約補助機関会合（2019/11：SBSTTA23、2020/5：SBSTTA24・SBI3）等
2020	愛知目標の最終評価（GBO5）
	COP15（中国・昆明）：ポスト2020生物多様性枠組の採択および関連する実施手段の検討
2021	次期生物多様性国家戦略の策定

国連生物多様性の10年

2021年5月に延期

（環境省自然環境局「ポスト2020生物多様性枠組の検討状況について」から作成、一部加筆）

| アウトプット | ポスト愛知目標、企業活動に影響も |

　企業にとっては生物多様性と事業との関わりがわかりづらい。ターゲット15.2でも解説するが、環境省の「事業者のための生物多様性民間参画ガイドライン」も参考にしてほしい。分量が多いが、企業による取り組み事例、SDGsとの関係なども解説されている。

　ポスト愛知目標の採択が近づくと、生物多様性をめぐる話題が増えるはずだ。草案を読む限り、新しい目標はSDGsを念頭にしており、各企業に対応を迫る。愛知目標などを復習しておくと、自社におけるSDGs推進にもつながる。

....

| ターゲット | 15.2 | 新しい活動 |

2020年までに、あらゆる種類の森林の持続可能な経営の実施を促進し、森林減少を阻止し、劣化した森林を回復し、世界全体で新規植林及び再植林を大幅に増加させる

| インプット | 林業関連ビジネスに参入しよう |

| SDGs | ケーススタディ | 森林の課題解決に異業種の技術、知見を生かすチャンス

　「森林の持続可能な経営」に向け、国はさまざまな施策を打ち出している。企業も参加できる施策があり、ターゲット15.2と15.4を実践できる。

　2019年4月、森林経営管理法が施行され、森林経営管理制度がスタートした。市町村が仲介役となり、手入れの滞っている森林と、意欲のある林業経営者を結びつける制度だ。

　全国には個人所有の森林が83万あるとみられ、そのほとんどが小規模だ。所有を始めた当時と状況が変わり、世代交代、都市部への転居、木材

価格の低迷で管理意欲をなくした所有者が多い。

　定期的な枝打ちや伐採がない森林では樹木が次々と育つ。すると木と木との間隔が狭くなり、太陽光は枝に遮られて地面まで注がず、下草が生えない。放置されて荒廃が進むと密集した木々は1本1本が細くなり、雨が降っても根や地面で水をたくわえられないので、地滑りを起こす危険性が高まる。

　荒廃した森林は持続可能性が失われ、災害につながる。森林経営管理制度創設の狙いは、管理意欲をなくした所有者の森林を意欲のある林業経営者に整備してもらい、健全な森林を増やすことにある。

　新制度の大まかな流れを説明すると、市町村が森林所有者に対し、森林整備をどうするのか聞く。市町村は、林業経営者に整備を任せる意向を示した所有者の森林を束ね、林業経営者に整備を託す。

　林業経営者は管理する森林面積が広がるので、伐採や搬送作業を効率化でき、ますます意欲が高まる。林業従事者も高齢化や担い手不足が言われている。新制度によって仕事が増えると、林業経営者も持続可能になる。

　民間企業も森林経営の課題解決につながるビジネスを検討している。住友商事、岡山県西粟倉村、DATAFLUCT（東京都千代田区）の三者は、森林所有者のための森林管理ツールを開発する計画だ（住友商事2019年12月23日リリース）。

　住友商事らは所有面積、木材の体積、二酸化炭素（CO_2）吸収量といった所有林の情報を確認できるアプリケーションを開発し、森林所有者に提供する。所有者はアプリを使って専門家に森林資産の運用や相続を相談できる。2020年2月にプロトタイプを開発し、3月以降、西粟倉村の森林所有者に提供。9月まで実証実験を行い、課題を検証した上で事業化を検討する。

　このビジネスプランは、新しい林業ビジネスを創出する林野庁のプログラム「Sustainable Forest Action」において優秀賞を受賞した（林野庁2019年12月20日報道発表）。このプログラムは、異業種の技術や人材

を活用するオープンイノベーションによって林業の新ビジネスを発掘しようと、2019年に初開催した。特に、木を伐採した後の山に木を植える「造林」分野の課題解決を狙った（ターゲット15.2の「再植林」が造林に該当）。

造林には手間のかかる作業が多い。木の苗は人の手で植えるため、危険な斜面や炎天下での作業が強いられる。せっかく植えても雨で流されたり、鹿が食べたりする。定期的な除草も必要だ。しかも造林はコストがかかる。林野庁によると、造林関連費用が伐採した丸太の販売で得た収入を食いつぶしてしてしまうほど。森林所有者にとっては伐採しても、次の木を植えない方が儲けは残る。

ただし、造林が行われないと次の世代が伐採する木は育たず、森林経営が持続可能ではなくなる。木のない山は保水力が落ちて土砂災害の危険が増す。

日本の山には、伐採の適齢期を迎えた樹木が多い。木を切る絶好のタイミングを迎えており、手間やコストのかかる造林の課題解決は緊急性の高いテーマだ。

Sustainable Forest Action のビジネスプラン発表会

森林経営管理制度の創設や林野庁による新規ビジネス支援など、国は森林の持続可能性に向けて施策を打ち出している。それだけ課題が山積し、緊急性の高まった問題となっている。企業にとっては、林業に参入するチャンスが広がっている。住友商事のように森林を抱える自治体と連携することでチャンスを生かして、新しい課題解決ビジネスを始められる。

アウトプット　長期的取り組みへの参加。林業も地方創生も支援

　森林経営管理制度は長期視点に立っており、数年で終わる制度ではない。市町村は林業経営者の育成に力を入れる。国も国産木材の利用を促す。近年は自然災害が多発しており、防災のために森林整備の緊急性も高まっている。

　林業にはデジタルやロボット、金融、流通などのノウハウが生かせる余地がある。異業種の企業にとっても技術や人材が生かせる分野だろう。林業の活性化は地方創生に結びつきやすく、社会からも応援してもらえるはずだ。林業の持続可能性を目指すターゲット15.2への貢献は、林業異業種によって新規ビジネス参入のチャンスだ。

ターゲット　15.3
2030年までに、砂漠化に対処し、砂漠化、干ばつ及び洪水の影響を受けた土地などの劣化した土地と土壌を回復し、土地劣化に荷担しない世界の達成に尽力する

ターゲット　15.4
2030年までに持続可能な開発に不可欠な便益をもたらす山地生態系の能力を強化するため、生物多様性を含む山地生態系の保全を確実に行う

自然生息地の劣化を抑制し、生物多様性の損失を阻止し、2020年までに絶滅危惧種を保護し、また絶滅防止するための緊急かつ意味のある対策を講じる

インプット　工場で希少種を保護しよう

SDGs　ケーススタディ　工場の緑地を動植物の生息する空間に

　「絶滅危惧種を保護」と聞くと自然保護団体や行政、生物学者がやることと思う人が多いのでは。ほとんどの人は「企業にできることは少ない」と感じるのではないだろうか。実は企業でも絶滅危惧種の保護に貢献し、ターゲット15.5を実践できる。その方法が工場内での絶滅危惧種の保護だ。

　東芝ライテックの環境報告書を見てほしい（https://www.tlt.co.jp/tlt/corporate/environment/site_report/site_report.htm）。

　同社の鹿沼事業所内では、絶滅危惧種の植物オオチゴユリを保護している。また沼津工場ではキンラン、ギンラン、タシロランの3種の絶滅危惧種を保護していると紹介している。

　同社の横須賀事業所では多年草のハマカンゾウを育てた経験もある。ハマカンゾウは周辺地域に自生していたが、盗掘被害が絶えずに株数が減っていた。そこで、同社が事業所内に28株を移植し、2年がかりで100株まで増やし、もともと咲いていた土地に戻した（日刊工業新聞2014年10月17日付）。

　絶滅危惧種にとって工場内は安全な場所だ。敷地への出入りが管理されているため、希少種にとっての天敵や侵略的外来種の侵入を防げる。従業員が水やりなどで手をかけて育ててくれるので繁殖もでき、個体数を回復できる。

　製造業であれば、敷地に緑地のある工場が多い。まずは敷地に絶滅危惧

種が生息していないか調べてみよう。国指定や都道府県指定の絶滅危惧種が見つかるかもしれない。

　敷地に生息していなくても、地域に絶滅危惧種が存在するだろう。専門家に相談し、問題なければ工場内で保護してみてはどうだろう。移植した後も専門家の指導を受けながら保護し、繁殖もできれば、ターゲット15.5の「意味のある対策を講じる」を実行できる。絶滅危惧種でなくても、希少種や地域固有植物の保護もできる。

　また、工場内で保護しなくても、工場の緑地を地域の生き物に役立てることができる。東芝グループのジャパンセミコンダクター大分事業所は、ホタルの幼虫のエサとなる貝を事業所内で育てて川に放流している。

　もともと夏になると多くのホタルが飛んでいた地域だが、貝が減少してホタルが見られなくなっていた。大分事業所が育てた貝の放流を続けると、ホタルの姿が戻ってきた。今は、住民と観賞会を開くまでになった。

　三菱電機は工場内に地域の固有種を植えるようにしている。周辺の緑地との連続性が生まれ、鳥や昆虫が飛来するからだ。静岡製作所は開発のため街で切り倒された樹木を引き取って移植した（日刊工業新聞2018年11月15日付）。

　「緑の回廊」という言葉がある。動植物の生息する空間を結んだネットワークを言う。都市であっても鳥が休んだり、エサを採ったり、繁殖できる緑地が点在しているとネットワークを形成できる。

　企業も工場の緑地を「緑の回廊」に組み込める。通常、工場の植栽は手入れのしやすい樹木が選ばれる。また、景観のために草地が刈られる。ここに地域の固有種や鳥が羽を休めやすい樹種、エサとなる虫が好む草花を植え、生き物にとって居心地の良い空間にすることで、地域の生物多様性に貢献できる。飛来する鳥や昆虫が増えると、工場の緑地の質も向上する。

アウトプット 従業員、地域住民にとって、工場が学びの場になる

　工場の緑地で絶滅危惧種の繁殖に成功すれば、企業としても生物多様性保全に取り組んだ成果としてわかりやすい。従業員も意欲が沸きやすく、外部にも発信しやすい。もちろんターゲット15.5にも貢献できる。

　絶滅危惧種でなくても、工場の緑地を利用した希少種や地域固有種の保護、緑の回廊への協力は地域交流の機会にもなる。従業員にも生物多様性に興味を持ってもらえる。毎日、通勤する工場に飛来する鳥やチョウが増えると、自分たちで勉強したり、積極的に整備したりして、参加する従業員が増えるのではないか。工場が生物多様性の学習の場となる。

ターゲット 15.6

国際合意に基づき、遺伝資源の利用から生ずる利益の公正かつ衡平な配分を推進するとともに、遺伝資源への適切なアクセスを推進する

ターゲット 15.7

保護の対象となっている動植物種の密猟及び違法取引を撲滅するための緊急対策を講じるとともに、違法な野生生物製品の需要と供給の両面に対処する

ターゲット 15.8

2020年までに、外来種の侵入を防止するとともに、これらの種による陸域・海洋生態系への影響を大幅に減少させるための対策を導入し、さらに優先種の駆除または根絶を行う

ターゲット 15.9

2020年までに、生態系と生物多様性の価値を、国や地方の計画策定、開発プロセス及び貧困削減のための戦略及び会計に組み込む

生物多様性と生態系の保全と持続的な利用のために、あらゆる資金源から
の資金の動員及び大幅な増額を行う

ターゲット　15.b　｜新しい活動＼

保全や再植林を含む持続可能な森林経営を推進する ため、あらゆるレベルのあらゆる供給源から、持続 可能な森林経営のための資金の調達と開発途上国へ の十分なインセンティブ付与のための相当量の資源 を動員する

｜インプット＼　「資金供給」によって森林整備に貢献

｜SDGs｜ ｜ケーススタディ｜ J- クレジットの利用で、森林整備への貢献を PR

　「持続可能な森林経営のための資金の調達と開発途上国への十分なイン センティブ付与」と言われても、企業ができることは限られる。ターゲッ ト通りの「資金の調達」ではなく、「資金の供給」だと企業もできること があるのでは。つまり森林経営を支える資金提供だ。

　まず国内では「J−クレジット制度」を活用する手段がある。J−クレジッ トとは、CO_2削減量を取引可能な「クレジット」にする制度。クレジット を売った側から、買った側へとCO_2削減量が移る仕組みだ。

　例えば、中小企業が工場に省エネルギー型設備を導入し、削減したCO_2 量をクレジットにして売り出せる。そのクレジットを購入した企業は、自 社の排出削減量にクレジット分のCO_2削減量を加えられる。中小企業はク レジットを売却して得た資金で、省エネルギー型設備の購入費の一部を賄 える。購入した企業は、排出削減目標の達成にクレジットを活用できる。

　J−クレジット制度には省エネ設備の導入以外に、森林整備の成果もク レジット化できる。樹木には大気中のCO_2を吸収する役割がある。しっか

りと手入れがされた森林は木々が健全に育ち、CO$_2$吸収量が増える。この森林整備による吸収量の増加分をクレジットにできる。

　J−クレジット制度のホームページを見ると、地方の自治体や森林組合が森林整備によるクレジットを売り出している。企業は森林整備で発行されたクレジットを購入することで、自治体や森林組合を資金面で支援できる。加えてクレジットの購入先が明らかなので「どこの森林を支援した」と言えるのもメリットだ。例えば「クレジットを購入し、CO$_2$削減と東北の森づくりと復興に貢献した」と訴求できる。

　J−クレジットは経済産業、環境、農林水産の3省が所管する国の制度だが、「地域版J−クレジット」を新潟県、高知県が運営している。どちらも主に森林整備によるクレジットを扱っており、県内の企業なら「クレジットを購入して地元の森林整備に貢献した」と言える。

　海外にも森林整備でクレジットを発行する制度があり、日本企業はクレジットの購入で海外の森林保全を支援できる。

　例えば「REDD＋」（レッドプラス）がある。先進国や企業が途上国の森林破壊を抑制し、森林によるCO$_2$吸収量を増やす取り組みだ。植林や森林整備だけでなく、森林伐採に代わる生計手段を現地住民に提供する経済支援も求められる。

　途上国では生活のために木を切って売る住民が多い。木を切らなくても収入が得られる手段をつくると、森林保護と経済成長が両立できる。

　企業や国は、プロジェクトの企画・運営、もしくは資金援助の形で、世界各地で展開されているREDD＋に参加できる。CO$_2$吸収量が増大する成果が出れば、参加企業はクレジットを獲得できる。プロジェクトそのものに参加しなくても、発行されたクレジットの購入によっても資金援助できる。J−クレジットと同じく、クレジットの購入で「インドネシアの森林保全に協力した」と訴求できる。

楽天は CO_2 ゼロ化した木のウチワを東京ドームで販売

CO_2 ゼロ化製品で訴求

　間伐、枝打ち、草刈りなどの手入れを手伝うことも大切だが、森林に行く機会は少ない。休日のボランティアだと、都市部に住む人は行く回数が限られる。社員研修に取り入れている企業もあるが、回数を増やせず一時的な貢献にとどまる。

　J-クレジット制度を活用してクレジットを購入すると間接的だが、遠い場所にある森林整備に貢献できる。クレジットを利用し、商品の生産で発生した CO_2 をゼロにする「カーボンオフセット」と呼ばれる制度もある。中小企業であっても、「この商品は、東北の森林整備に貢献したクレジットの購入によって CO_2 をゼロにしました」と訴求できる。

　楽天は2019年5月、東京ドームで東北の森林整備で発生したクレジットで「CO_2 ゼロ化」した「木のウチワ」を売っていた。ウチワの素材も、

東北の森林整備で切り出された木材を加工したもの。

　この日は、プロ野球の東北楽天ゴールデンイーグルスの試合開催日だった。来場した野球ファンもウチワの購入で、東北の森林整備に貢献できた。楽天の担当者にクレジットやカーボンオフセットの仕組みをたずねるファンも多く、楽天にとっては来場者にも取り組みを知ってもらう機会となった。

....

ターゲット　15.c

持続的な生計機会を追求するために地域コミュニティの能力向上を図る等、保護種の密猟及び違法な取引に対処するための努力に対する世界的な支援を強化する

Part 16

平和と公正をすべての人に

持続可能な開発のための平和で包摂的な社会を促進し、すべての人々に司法へのアクセスを提供し、あらゆるレベルにおいて効果的で説明責任のある包摂的な制度を構築する

IT技術の進化で、すべての人に司法へのアクセスを提供できる時代になってきた。また、履歴の改ざんが難しいブロックチェーンを使い、国連では透明性の高い援助を試みる動きがある。自社の技術で公平な社会の実現に貢献できないか考えてみよう。

あらゆる場所において、全ての形態の暴力及び暴力に関連する死亡率を大幅に減少させる

インプット パワハラの定義を知る

SDGs ケーススタディ 言葉の暴力も減らそう

　厚生労働省によると、都道府県労働局などに設置した総合労働相談コーナーに寄せられた「いじめ・嫌がらせ」に関する相談件数は、2019年度で8万7570件と2018年度比で5.8％増加した。2016年度は7万件台だったのが、3年間で1万件以上、増加した。「いじめ・嫌がらせ」の事例では、「上司が同僚などに対し、『バカ』『アホ』などの侮辱的な発言を日常的に行っている」や「店長から暴言をはかれ容姿を侮辱された」など、いわゆる「言葉の暴力」が挙げられている。

　上司が加害者の場合、①優越的な関係を背景とした言動②業務上必要かつ相当な範囲を超えたもの③労働者の就業環境が害されるもの、以上の3つを満たせば、「パワーハラスメント」とみなされる。パワハラの場合、研修を受けるなどして意識的・自覚的になっていないと、知らず知らず受け手によってはパワハラとみなされる発言をしてしまっていることがある。企業においては、社内での啓発活動や研修制度を整え、自覚を促す必要がある。

　制度整備に向けては、厚労省が開設したサイト「あかるい職場応援団」が参考になる。「ハラスメントで困っている人」「ハラスメントと言われた管理職」「社内でハラスメントが発生した人事担当者」の3ケースに分け、それぞれに向けて相談窓口や企業の対応事例などの情報が掲載されている。

　中でも、企業にとって読みごたえがあるのが人事担当者向けの「他の企業はどうしてる？」というページだ。ユニ・チャームやソニー銀行、タイヨーなど34社（2020年7月19日現在）のハラスメント対策事例が紹介

されている。例えば、タイヨーは鹿児島県や宮崎県に94店舗を出店する従業員約8600人の生鮮食品スーパーで、ハラスメントの啓発のために職場にポスターを貼ったところ、労働組合へのハラスメントに関する相談件数が月1-2回から、週に1-2回へ増え、「それまで見えなかったパワハラ問題がよりはっきり見えてきた」という。さらに同社は「フレンドリーサービス運動」という取り組みを行い、始業前に社員同士、「〇〇さん、おはようございます。本日も1日よろしくお願いします」と言いながらフレンドリーに握手をする活動などにより、パワハラが起きにくい、爽やかな職場づくりに努めている（「あかるい職場応援団」2020年7月19日アクセス）。他社の事例から、自社でもすぐに始められる取り組みがあるかもしれない。

| アウトプット | パワハラ対策をプラスに変える |

　企業がパワハラ対策を取るのは、どちらかと言えば管理職がパワハラで訴えられないための「守り」の姿勢が多いだろう。しかし、タイヨーのように、うまくやれば守りだけでなく、職場環境の改善や風通しのよい組織づくりなど「プラス」の効果が得られる場合もある。

パワーハラスメントの3つの構成要素を満たす6つの行為類型の例

類型	例
身体的な攻撃	上司が部下に対して、殴打、足蹴りをする
精神的な攻撃	上司が部下に対して、人格を否定するような発言をする
人間関係からの切り離し	自身の意に沿わない社員に対して、仕事を外し、長期間にわたり、別室に隔離したり、自宅研修させたりする
過大な要求	上司が部下に対して、長期間にわたる、肉体的苦痛を伴う過酷な環境下での勤務に直接関係のない作業を命ずる
過小な要求	上司が管理職である部下を退職させるため、誰でも遂行可能な業務を行わせる
個の侵害	思想・信条を理由とし、集団で同僚1人に対して、職場内外で継続的に監視したり、他の社員に接触しないよう働きかけたり、私物の写真撮影をしたりする

※ 例については、「職場のパワーハラスメント防止対策についての検討会」報告書から作成
　（厚生労働省「パワーハラスメント対策導入マニュアル　予防から事後対応までサポートガイド第4版」）

子供に対する虐待、搾取、取引及びあらゆる形態の暴力及び拷問を撲滅する

ターゲット　16.3　　ハラスメント防止

国家及び国際的なレベルでの法の支配を促進し、全ての人々に司法への平等なアクセスを提供する

インプット　リーガルテックを知る

SDGs　ケーススタディ　「ザンレコ」や「弁護士ドットコム」

　法律とITを掛け合わせた「リーガルテック」を強みとする企業が相次ぎ誕生している。このターゲット「全ての人々に司法への平等なアクセスを提供する」ことがリーガルテックによるイノベーションで実現しつつある。

　日本リーガルネットワーク（東京都中央区）はスマートフォンの全地球測位システム（GPS）機能を使い、会社の住所を登録すれば自動で労働時間を計測する無料のアプリケーション「残業証拠レコーダー（ザンレコ）」を提供する。計測した労働時間から残業時間を推計でき、このデータを未払い残業代の証拠として示談・裁判で使える（日刊工業新聞2017年3月21日付）。

　同社ホームページによると、月収25万円のサービス業の男性が8カ月ザンレコを利用し、そのデータを証拠に訴訟で1000万円の残業代を獲得した例があるという。南谷泰史最高経営責任者（CEO）自身も弁護士で、勤務先や自宅住所から近くの弁護士を検索できるサービスも提供している（2020年8月9日ホームページアクセス）。

　弁護士ドットコムは社名と同じ法律相談のポータルサイトを運営する。登録弁護士数は1万9000人（弁護士の2.2人に1人）、月間サイト訪問者数は1100万人で、法律系のサイトでは日本最大級の規模を誇る。無料で

弁護士に相談できる「みんなの法律相談」や「弁護士検索機能」のほか、月間130本の紛争トラブルを法的に解釈したニュースを掲載している（2020年8月9日アクセス）。

　約10万ページの法律専門書や官公庁などの資料を検索・閲覧できるサービスを提供するベンチャー企業、リーガル・テクノロジー（東京都千代田区）も登場している。法律の専門書は高価な上に分厚く場所を取るため、同社が「図書館代わり」としてサービスを提供する。利用料は月額5200円（税別）。自分で全部の専門書を購入するよりは、はるかに安価な値段でサービスを受けられる（2020年8月9日アクセス）。

　弁護士は「相談料が高い」というイメージがあり、どうしても一般の人は最初に相談に行くのをためらってしまう。それが、リーガルテックの登場でそのハードルが下がり、まずはネットの無料相談から気軽に相談しやすくなった。その結果、一昔前よりは誰でも簡単に司法にアクセスできるようになったと言える。

弁護士に無料相談できる機能もあるポータルサイト「弁護士ドットコム」

（弁護士ドットコム提供）

リーガルテックを味方に。まずは無料弁護士相談から

　資金に限りのあるベンチャー企業にとってもリーガルテックは強い味方となる。各種リーガルテックホームページの弁護士検索機能を使うと、弁護士ごとの専門分野を把握でき、自社が抱える問題に対し、適確な答えを出してくれそうな弁護士をピンポイントで探せる。弁護士を探す時間やコストを大幅に削減できる。

　日本リーガルネットワークは「泣き寝入りのない社会へ」をうたい文句にしている。これは言い換えると、SDGsの「誰一人取り残さない世界」と通じるものがある。

ターゲット　16.4

2030年までに、違法な資金及び武器の取引を大幅に減少させ、奪われた財産の回復及び返還を強化し、あらゆる形態の組織犯罪を根絶する

ターゲット　16.5

あらゆる形態の汚職や贈賄を大幅に減少させる

ターゲット　16.6　　活動のレベルアップ

あらゆるレベルにおいて、有効で説明責任のある透明性の高い公共機関を発展させる

インプット　テクノロジーで公共機関に貢献

SDGs　ケーススタディ　ブロックチェーンによる現金支給や仮想通貨の寄付

　公平で透明性の高い途上国支援を目指し、「ビットコイン」など仮想通貨の基盤技術として開発されたブロックチェーン（分散型台帳）技術が注目されている。ブロックチェーンは履歴を改ざんできないことが特徴で、

現金・物資の分配や寄付などによる資金調達において汚職を防止できる効果が期待されている。

国連は「ブロックチェーン・ミッション」を立ち上げ、各国政府、NGO、民間企業との連携を推進し、ブロックチェーン技術の活用促進に取り組んでいる。連携相手にはスタートアップ企業も多く、400社程度とのネットワークができているという（日刊工業新聞電子版2018年9月27日付）。

例えば、世界食糧計画（WFP）は難民への迅速な現金支給などを目的にブロックチェーン技術を活用した基盤システムの構築を進めている。また、ユニセフ（国連児童基金）は仮想通貨ファンドを立ち上げ、仮想通貨による寄付を受け付けている。

国連開発計画（UNDP）は「ブロックチェーンがSDGsのためにできる六つのこと」と題したページを設け、①金融包摂②エネルギーへのアクセス③つくる責任・つかう責任④環境保護⑤法的IDの提供⑥援助の効率化を挙げている（UNDP HP 2020年7月22日アクセス）。

20億人とも言われる銀行口座を持たない人でも仮想通貨を利用し、送金や決済が行える時代になってきた。ブロックチェーン技術の普及で、既存の金融機関にアクセスできずに取り残された人々を救う「金融包摂」の問題が飛躍的に解決に向け歩を進めた。エネルギーへのアクセスにおいては、太陽光発電で電気をつくって売電すると仮想通貨「ソーラーコイン」がもらえる仕組みにより、効率的に無電化地域に電力を届け、創電・売電した人々は新たな収入源を得られる仕組みづくりが始まっている。

日本のベンチャー企業では、ブロックチェーン技術に強みを持つソラミツ（東京都渋谷区）がカンボジア国立銀行とともに、カンボジアでブロックチェーン技術を活用した新しい決済インフラの開発に取り組んでいる。ソラミツの岡田隆最高経営責任者（CEO）は、国連プロジェクト・サービス機関（UNOPS）主催のシンポジウムにパネリストとして招かれた経験があるなど、国連からも一目置かれている。日本のブロックチェーン技術

などを持つテック系ベンチャーがこのターゲットで活躍できる余地は極めて大きいと言えるだろう。

アウトプット 導入進まない日本より、途上国で挑戦

日本は銀行口座の保有率が9割を超え、特殊な事情を除き、ほとんどの人が銀行口座を持っている。既存の金融機関にある程度、満足できているため、海外に比べると、仮想通貨やブロックチェーン技術の活用には慎重な人が多い。ブロックチェーン関連ベンチャーの中には日本で導入が進まず、頭を抱えている企業もある。

こうした企業にとっては金融包摂が課題の途上国が活躍の場となる。国連や国際協力機構（JICA）などと協力して途上国で実績をつくり、日本に逆輸入するという手もあるだろう。また自社でブロックチェーン技術を手がけていなくても、同技術を持つベンチャーへの寄付・出資を通じて国連とともに途上国支援を行うこともSDGsになる。

ターゲット　16.7

あらゆるレベルにおいて、対応的、包摂的、参加型及び代表的な意思決定を確保する

ターゲット　16.8

グローバル・ガバナンス機関への開発途上国の参加を拡大・強化する

ターゲット　16.9

2030年までに、全ての人々に出生登録を含む法的な身分証明を提供する

ターゲット　16.10

国内法規及び国際協定に従い、情報への公共アクセスを確保し、基本的自由を保障する

ターゲット　16.a

特に開発途上国において、暴力の防止とテロリズム・犯罪の撲滅に関する
あらゆるレベルでの能力構築のため、国際協力などを通じて関連国家機関
を強化する

ターゲット　16.b

持続可能な開発のための非差別的な法規及び政策を推進し、実施する

SDGs

Part 17

パートナーシップで
目標を達成しよう

持続可能な開発のための実施手段を強化し、グローバル・パートナーシップを活性化する

仲間と一緒に課題解決に挑むと、意欲がわく。困ったことがあれば、今まで出会いのなかった異業種の企業や研究者、NPO、自治体に相談しよう。マルチステークホルダーは新たな視点をもたらし、イノベーションが生まれる。

課税及び徴税能力の向上のため、開発途上国への国際的な支援なども通じて、国内資源の動員を強化する

先進国は、開発途上国に対するODAをGNI比0.7%に、後発開発途上国に対するODAをGNI比0.15〜0.20%にするという目標を達成するとの多くの国によるコミットメントを含むODAに係るコミットメントを完全に実施する。ODA供与国が、少なくともGNI比0.20%のODAを後発開発途上国に供与するという目標の設定を検討することを奨励する

複数の財源から、開発途上国のための追加的資金源を動員する

必要に応じた負債による資金調達、債務救済及び債務再編の促進を目的とした協調的な政策により、開発途上国の長期的な債務の持続可能性の実現を支援し、重債務貧困国（HIPC）の対外債務への対応により債務リスクを軽減する

後発開発途上国のための投資促進枠組みを導入及び実施する

　気 づ き

科学技術イノベーション（STI）及びこれらへのアクセスに関する南北協力、南南協力及び地域的・国際的な三角協力を向上させる。また、国連レベルをはじめとする既存のメカニズム間の調整改善や、全世界的な技術促進メカニズムなどを通じて、相互に合意した条件において知識共有を進める

インプット　STIについて理解しよう

SDGs ケーススタディ　2030年を目指し、エンジニアのパートナーシップ実現を

　科学技術イノベーションが「STI」と呼ばれている。「STI for SDGs」というスローガンもよく聞かれる。「SDGs達成のための科学技術イノベーション」という意味だ。

　SDGsは多様な課題解決を目標として掲げている。感染症のように人類の活動に影響を及ぼす課題、食料問題のような世界規模の課題、さらに生活する地域や職場における課題まである。

　解決に科学技術の力が求められる課題も多い。そもそも科学技術は、生活を豊かにするために存在している。SDGsは「解決してほしい課題リスト」であり、2030年という期限もあり、人類への貢献としてもわかりやすく、科学者もSDGsへの参加意欲が沸きやすいのだと思う。

　文部科学省も「STI for SDGsの推進に関する基本方針」を取りまとめ、2019年4月に公表している。その中でSTI for SDGsが、STIのあり方自身に変革を迫る契機と位置づけている。そして「多様な専門家が分野等を越えて結集して新たなアイデアの創出を促進する仕組み」が必要と訴えている。これがゴール17のパートナーシップだろう。

　「STI for SDGs 文部科学省政策パッケージ」でも「異なる施策の有機的

連動や教育・文化・スポーツ等の分野との連携により、多様なSDGsの課題解決に寄与」と掲げられており、パートナーシップを強調している。学会や学術機関、企業の研究部門にとどまらず、NPOなどの市民とも連携した科学技術による課題解決が期待できる。

　国連が「STI for SDGsロードマップ・ガイドブック」を作成している。科学技術振興機構（JST）が発行した『STI for SDGsの具現化に向けて　国連決議から4年、新しいステージへ』に、ロードマップの位置づけが解説されている。国、地方、組織・連携レベルまで整理されており、参考になると思う。

　地方の理系大学も科学技術を核としてSDGsに取り組んでいる。長岡技術科学大学は全学の工学教育にSDGsの達成を重ねた活動を本格化している。同校は、ゴール9「産業と技術革新の基盤をつくろう」の世界のハブ大学として、国連の任命を2018年度に受けており、関連のプロジェクト科目新設のほか、学部・大学院の共通科目でもSDGsを切り口としている。

　国連は大学から国連の活動を支える枠組み「国連アカデミック・インパクト」で、SDGsの17ゴールのハブ校を1校ずつ選出。同大は東アジアから唯一の大学で選ばれた（日刊工業新聞2019年4月11日付）。

アウトプット　企業×学術機関の技術進歩

　企業も「イノベーションを推進」という目標を掲げている。SDGsが採択され、科学技術関係者も「STI for SDGs」を重要と認識しており、企業も学術機関と連携した研究・開発がしやすくなったと思う。

　まったくの私見（松木）だが、「2030年」という期限があるSDGsによって所属の違うエンジニアの連携が生まれやすくなったと思う。「黒字化まで何十年」という開発秘話は感動的だし、技術者魂のすごさを感じさせる。しかし、早く利益につながった方が企業経営にもプラスとなる。

　SDGsで「2030年」という期限が示された。「開発を急ごう」という共通目標を持ったエンジニアが集まってパートナーシップが発揮できれば、

国連アカデミック・インパクト　SDGs ハブ大学一覧

ゴール	大学名	国名
1 貧困をなくそう	クリストゥ・ジャヤンティ大学	インド
2 飢餓をゼロに	プレトリア大学	南アフリカ
3 すべての人に健康と福祉を	ニューギザ大学	エジプト
4 質の高い教育をみんなに	ラプンタ大学	アルゼンチン
5 ジェンダー平等を実現しよう	アッファード女子大学	スーダン
6 安全な水とトイレを世界中に	マニトバ大学	カナダ
7 エネルギーをみんなに そしてクリーンに	国立カポディストリアコス・アテネ大学	ギリシャ
8 働きがいも経済成長も	バロチスタン工科大学	パキスタン
9 産業と技術革新の基盤をつくろう	長岡技術科学大学	日本
10 人や国の不平等をなくそう	ウエスタンシドニー大学	オーストラリア
11 住み続けられるまちづくりを	マドリード・カルロス3世大学	スペイン
12 つくる責任 つかう責任	ブエノスアイレス大学	アルゼンチン
13 気候変動に具体的な対策を	チューリッヒ大学	スイス
14 海の豊かさを守ろう	ベルゲン大学	ノルウェー
15 陸の豊かさも守ろう	ザンジャーン大学	イラン
16 平和と公正をすべての人に	デ・モントフォート大学	イギリス
17 パートナーシップで目標を達成しよう	アメリカン大学ドバイ校	アラブ首長国連邦

（国連アカデミック・インパクトJapan、長岡技術科学大学のHPから作成）

早期の黒字化が期待できる。SDGsを理解し、パートナーシップを生み出してほしい。

　文科省の施策やJSTの『STI for SDGsの具現化に向けて　国連決議から4年、新しいステージへ』を参考にパートナーシップによるイノベーションに挑戦してほしい。

開発途上国に対し、譲許的・特恵的条件などの相互に合意した有利な条件の下で、環境に配慮した技術の開発、移転、普及及び拡散を促進する

インプット 知的財産での貢献を検討しよう

SDGs ケーススタディ WIPO GREEN に環境技術を公開

「WIPO GREEN（ワイポグリーン）」という国際的な活動がある。国連の世界知的所有権機関（WIPO）が2013年に設立したプラットフォームで、企業が保有する環境技術を登録して公開し、活用したい企業や国などとマッチングする場となっている。

開発はしたものの、社内で事業化できなかった休眠技術（特許、知財）を持つ企業が多い。技術的には優れていても、高コストだったり、経営戦略の転換で新技術を活用する事業がなくなったりしたケースがある。

先進国特有の事情だが、既存の使用中の技術があり、開発した技術の出番がすぐにやってこない場合もある。例えば、太陽光発電や風力発電を増やしたくても、火力発電があるために普及の進まないようなケースだ。

さまざまな理由で使われる機会がなかった環境技術をWIPO GREENに登録すると、使いたい企業や国が登場する可能性が高まる。WIPO GREENは国連機関が運営していて公共性が高く、国際貢献の役割も大きい。途上国での導入が決まれば、技術を登録した企業も国際貢献ができる。それに技術の使用料も入るので、企業は開発や保有に費やした資金を回収できる。ターゲットにある「譲許的・特恵的（相手に有利な条件を与える）」かどうかは別として、「環境に配慮した技術の開発、移転、普及及び拡散を促進する」を達成できる。

WIPO GREENのホームページにはパートナー企業として全世界から115社・団体が参加する。日本から企業が13社、大学など10団体の合計

23社・団体が登録済み（2020年7月31日現在）。海外は米IBMや独シーメンスもパートナー企業だ。

　日本で先陣を切って参加したのが富士通と帝人。富士通は2017年、200件以上の知的財産をWIPO GREENで公開した。2003年に開発した光触媒、2017年に開発したリチウム二次電池用正極材料なども含まれる。成果として九州大学や琉球大学など国内機関へのライセンス実績がある（富士通2017年9月19日、2018年9月13日リリース）。

　他にもコニカミノルタが2019年12月、太陽熱発電と色素増感太陽電池の2分野の技術を登録した。同社はオフィスや医療関連の機器メーカーでありながら、エネルギー関連の技術を保有している。世界的に再生可能エネルギーの活用が広がっており、太陽熱発電と色素増感太陽電池は需要拡大が見込める。同社は実用化に至っていない技術を保有したままにせず、他社に活用してもらうことで環境に貢献しようと登録を決めた（コニカミノルタ2019年12月5日リリース）。

　また、パナソニックはプラズマ放電による水浄化、キヤノンが植物由来プラスチックやリサイクルの技術を登録した。ダイキン工業は温暖化の助長を抑える冷媒「R32」を使った空調機の製造・販売に関する特許を登録した。同社は休眠ではなく、実用化に成功した特許。環境貢献のため普及を急いでおり、2019年7月に無償開放して採用先を募っているが、他社から技術を見つけてもらえる機会を広げようとWIPO GREENに参加した。

　他では日立製作所、ダイセル、東洋アルミエコープロダクツ、資生堂、住友電気工業、豊田自動織機、トヨタ自動車、ホンダなどがパートナー企業となり、保有技術を公開している（2020年7月31日現在）。

　環境技術以外でも、生かしきれていない技術を持つ企業は多いのでは。その技術が途上国の課題解決に役立つかもしれない。技術に興味を持つ国・企業を探してみてはどうだろう（特許庁HP「WIPO GREENとの協力」、日刊工業新聞2020年2月12日付）。

SDGs と遠そうな部門が取り組める

　筆者（松木）がWIPO GREENへの登録についてコニカミノルタへ取材をした時、担当者が「知的財産でできるSDGsへの貢献」と語っていたのが印象的だった。大企業になると特許などを管理する知的財産部門がある。おそらく、業務とSDGsとの結びつきがすぐに思い当たらない部門ではないだろうか。その点、WIPO GREENは知的財産部門がSDGsに参加する良い機会になると思う。

　せっかく開発した環境技術でも、実用化されないと環境問題の解決につながらない。社内で活用しきれていない技術を使ってくれる先が見つかれば、登録した企業は環境貢献を果たせる。使用料が入れば、自社の利益にもなる。しかもパートナーシップ登録は無料なので、企業に損はない。

　ケーススタディの最後でも触れたが、環境技術以外でも生かしきれていない休眠技術があれば、その技術に興味を持つ途上国や企業を探してみるのも良いと思う。

WIPO GREEN のパートナー日本企業・団体の一部

・キヤノン	・コニカミノルタ
・ダイセル	・明治大学高分子科学研究所
・ダイキン工業	・パナソニック
・富士通	・資生堂
・GSアライアンス	・正林国際特許商標事務所
・日立製作所	・住友電気工業
・本田技研工業	・帝人
・日本知的財産協会	・東洋アルミエコープロダクツ
・日本弁理士会	・豊田自動織機
・日本特許庁	・トヨタ自動車
	・早稲田大学環境総合研究センター

（特許庁HP、取材から作成）

ターゲット　17.8

2017年までに、後発開発途上国のための技術バンク及び科学技術イノ
ベーション能力構築メカニズムを完全運用させ、情報通信技術（ICT）を
はじめとする実現技術の利用を強化する

ターゲット　17.9

全ての持続可能な開発目標を実施するための国家計画を支援するべく、南
北協力、南南協力及び三角協力などを通じて、開発途上国における効果的
かつ的をしぼった能力構築の実施に対する国際的な支援を強化する

ターゲット　17.10

ドーハ・ラウンド（DDA）交渉の結果を含めたWTOの下での普遍的で
ルールに基づいた、差別的でない、公平な多角的貿易体制を促進する

ターゲット　17.11

開発途上国による輸出を大幅に増加させ、特に2020年までに世界の輸
出に占める後発開発途上国のシェアを倍増させる

ターゲット　17.12

後発開発途上国からの輸入に対する特恵的な原産地規則が透明で簡略的か
つ市場アクセスの円滑化に寄与するものとなるようにすることを含む世界
貿易機関（WTO）の決定に矛盾しない形で、全ての後発開発途上国に対
し、永続的な無税・無枠の市場アクセスを適時実施する

ターゲット　17.13

政策協調や政策の首尾一貫性などを通じて、世界的なマクロ経済の安定を
促進する

ターゲット　17.14

持続可能な開発のための政策の一貫性を強化する

....

ターゲット　17.15

貧困撲滅と持続可能な開発のための政策の確立・実施にあたっては、各国
の政策空間及びリーダーシップを尊重する

....

ターゲット　17.16　　活動のレベルアップ

全ての国々、特に開発途上国での持続可能な開発目標の達成を支援すべく、知識、専門的知見、技術及び資金源を動員、共有するマルチステークホルダー・パートナーシップによって補完しつつ、持続可能な開発のためのグローバル・パートナーシップを強化する

インプット　企業、行政、市民の連携で地域課題を解決しよう

SDGs　ケーススタディ　マルチステークホルダー・パートナーシップをつくろう

　内閣府のホームページに「マルチステークホルダーの考え方」が掲載されている（2020年6月20日現在）。「"持続可能な発展"への道のりは、決して平坦なものではありません」から始まる文章で企業や消費者、投資家、労働者、NPOなど、社会のさまざまな立場にある組織や個人を「ステークホルダー」と呼ぶと説明。そしてステークホルダーが対等な立場で参加し、協働して課題解決に当たる合意形成の枠組みを「マルチステークホルダー・プロセス」と解説している。

　また、マルチステークホルダー・プロセスを"持続可能な発展"への壮大なプロセスを完結させる手段として紹介している。ステークホルダーが

協力し、それぞれの役割を果たすことが不可欠とし、「マルチステークホルダー・プロセスが、持続可能な発展を支える新しいガバナンスのモデル」と述べている。

実際、政府だけですべての課題を解決できなくなっており、ステークホルダーとの協働が求められている。このターゲットが訴えるように、SDGsの達成にもマルチステークホルダーのパートナーシップが欠かせない。

内閣府のホームページにあるマルチステークホルダー・プロセスの定義によると、3者以上のステークホルダーが対等な立場で議論できる会議を通し、単体や2者間で解決の難しい課題解決のために意思疎通を図る場とある。

メリットもいくつか紹介されている。例えば、ステークホルダーが「他者もやるなら、自分も行動しよう」と考え、すべての関係者が課題解決に向けて同時に前進する効果がある。

またマルチステークホルダー・プロセスの事例として、①国連グローバル・コンパクト②グローバル・レポーティング・イニシアティヴ（GRI）③持続可能なパーム油のための円卓会議（RSPO）④FSC（森林管理協議会）⑤社会的責任に関する国際標準（ISO26000）が登場する。

内閣府のホームページにここまで丁寧な解説があるということは、政府がマルチステークホルダーに大きな期待を寄せている表れだろう。

ここでいったん話はそれるが、①〜⑤は、どれも事実上のビジネスルールを決めているマルチステークホルダーである。「事実上のビジネスルール」とは法律や規制ではないが、従わないと取引から排除されるようなソフトロー（Soft Law）をいう。

例えば、持続可能なパーム油のための円卓会議（RSPO）は企業やNGOが連携し、環境や人権に配慮して生産したパーム油の基準を決めた。法律や規制ではないが、基準を満たしたパーム油を選んで調達する食品メーカーが増えている。逆に基準外のパーム油を購入すると「環境や人権を無

視する企業」というレッテルをはられ、マーケットから排除される危険も
出てきた。

　生態系や人権に配慮した森林資源を示すFSCも事実上のビジネスルール
であり、FSC認証ラベルの紙や木材の購入が進んでいる。それだけマルチ
ステークホルダーが大きな影響力を持ち始めた。内閣府の説明にあった
「マルチステークホルダー・プロセスが、持続可能な発展を支える新しい
ガバナンスのモデル」の通りだ。

　日本の各地域でもマルチステークホルダー・パートナーシップが形成さ
れている。国内ではビジネスルールづくりが目的ではなく、地域課題解決
の手段として期待されている。

　横浜市が支援する「リビングラボ」が、マルチステークホルダー・パー
トナーシップの好例だろう。リビングラボとは市民や企業、行政などが協
力し、生活空間を舞台にオープンイノベーションを創出する活動拠点を指
す。1990年代に米国で生まれて欧州で発展し、2010年以降、横浜市や
鎌倉市で始まった。

　横浜のリビングラボで先進的な事例が生まれている。普通の住宅に見え
る「Yワイひろば」は1階が地域の交流スペース、2階は貸しオフィスだ。
1階で地域住民が団らんし、2階でベンチャー企業が営業している。

　もともと「Yワイひろば」は空き家だった。所有者は地域に役立てたい
と思っていたが、空き家のままだと管理費がかかる。悩んだ所有者が「井
土ヶ谷リビングラボ」に相談すると、太陽住建（横浜市南区）の河原勇輝
社長が交流スペースとオフィスが同居する改修を提案した。

　改修して完成した「Yワイひろば」は交流スペースを住民に活用しても
らうので、地域に役立てたかった所有者の希望がかなった。そして入居し
たベンチャー企業からの賃料収入があるので、管理費の問題も解決した。

　井土ヶ谷リビングラボは河原社長が立ち上げに携わり、学校やNPOが
知恵を出して空き家問題を議論していた。太陽住建は本業のリフォーム業
で空き家問題を解決し、地域に貢献できた。

横浜には10地区にリビングラボがある。どれも主体は地元の人であり、市はサポート役となっている。実際、地域に貢献したい市民や企業が集まって活動を始めたリビングラボが多い。

かつては自治会が地域の困り事を解決していた。企業が参加するリビングラボは、ビジネスの力で地域課題を解決する"現代版・自治会"と言える。企業も地域での評価が高まる効果があり、太陽住建にはリフォーム依頼が増えている（日刊工業新聞2020年2月28日付）。

アウトプット　企業が行政に提案

企業1社では限界でも自治体、NPO、市民と話し合うマルチステークホルダーだと、課題解決のヒントが生まれる。そのヒントはビジネスチャンスだ。太陽住建は空き家問題という地域の課題を本業で解決した。営業エリアが地域限定の工務店だからこそ、地域での評価が高まり、リフォームの依頼が増えている。本業でのSDGs達成にも貢献できる。

どの地域、どの企業でもすぐに結果が出るとは限らない。問題はマルチステークホルダーの形成だ。企業であれば思い切って行政に提案するのが良いかもしれない。行政も手に負えない地域課題が増えており、提案に乗ってくれる可能性がある。行政にもSDGsが浸透しており、「一緒にSDGsに取り組みましょう」と言えば、どの地域にもリビングラボができるのではないだろうか。

マルチステークホルダー・プロセスの特徴「全体最適の追求」

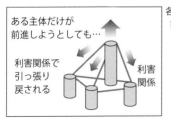   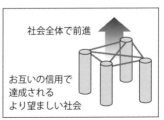

（内閣府の資料から作成）

さまざまなパートナーシップの経験や資源戦略を基にした、効果的な公的、官民、市民社会のパートナーシップを奨励・推進する

インプット　パートナーシップを奨励・推進しよう

SDGs　ケーススタディ　「有志活動」「若手の意思の尊重」にパートナーシップのヒント

　ターゲット17.16でマルチステークホルダーを紹介した。企業や消費者、投資家、労働者、NPOなどが対等に議論することで、社会課題解決につながる成果が期待できる。SDGs推進のカギはマルチステークホルダーにある。

　問題はステークホルダーが対等の立場で連携する場をつくること。ターゲット17.17にあるように、パートナーシップの奨励・推進が必要だろう。

　筆者（松木）のこれまでの取材でパートナーシップの事例といえそうな団体に出会った。1つが、千葉市の幕張地区でSDGsを推進する団体「Baytown SDGs Creation（BSC）」だ。結成間もない2019年5月、「Dogフェス」を初開催した。地域住民に愛犬との撮影会やドッグショーを楽しんでもらうイベントだが、会場に飾ったのぼりやスタッフのTシャツにSDGsのロゴを印刷した。イベント参会者にSDGsを知ってもらい、認知度向上に貢献する狙いだ。

　BSCは、問題意識を持った地元経営者らの有志活動だ。リフォーム業のビッグアイ社長の杉浦克子さんが経営者仲間に声をかけて始まった。「いつまでもにぎやかな街であってほしい」という想いは、地元経営者に共通だ。

　地域に関わるすべてのステークホルダーの「全員参加」も重要だが、ま

ずは同じ想いを持った有志で始めると行動が早い。とりあえずの「全員参加」だと、どうしても参加者に熱量、やる気に違いが出る。意見集約に時間がかかったり、盛り上がりや一体感にも欠けると活動は注目されず終わる。全員参加は平等であり、形態として"美しい"が、まずは意欲の持った有志で動き出し、次第に周囲を巻き込んでいくやり方も効果的と思う。

BSCには千葉県が関心を寄せるようなり、行政とのパートナーシップに発展する可能性が出てきた。また、団体のシャツやシールを購入したいと他県の学生からも依頼が来るようにもなった。SDGsが接点となり、ネットワークが広がった。

東京の秋葉原にオフィスがある「未来技術推進協会」も有志活動から始まり、企業の枠を超えた若手エンジニア100人以上が集う場になった。参加者は勉強会や交流会、スタートアップの支援などで活動する。

ユニークなのが、企業に所属しながら自身の意思で参加している若手エンジニアが多いこと。会社の業務命令での参加ではないので、所属企業名を名乗る人がいない。

また、協会は技術による社会課題解決を目的としているが、参加者が協会活動から得るものは異なる。代表理事の草場壽一さんは「企業に所属するエンジニアのモヤモヤの受け皿であり、自由度の高い組織」と語る。

大学院での研究テーマとは違う職場に配属されたエンジニアは「興味をぶつける場が欲しかった」と参加理由を語る。SDGs達成を疑似体験できるボードゲームの開発に携わり、大学院で学んだ知見を発揮した。

ベンチャー勤務後に独立したエンジニアは、協会で吸収した知識を仕事に生かし、報酬アップにつなげている。同じくフリーランスのエンジニアは協会で事業開発のスキルを身につけ、人脈も築いて仕事を獲得している。他にも「"大物"と呼ばれる人に会いに行き、協会への協力を取りつけた。エンジニアのキャリアしかなかった自分が営業もできた」と、自分の新しい一面に気づいたエンジニアもいた。

会社以外でも活躍の場を持て、自身の目的を達成できることが協会参加

のモチベーションのようだ。企業によっては副業やオープンイノベーションを「制度化」している。あえて制度にしなくても若手の自発的な活動を尊重し、社外活動を推奨することでもパートナーシップが生まれる。

| アウトプット \ 自発的な活動を推奨する

　「こんなテーマで、他社と開発をしたいんですけど」と上司に相談すると、「やりたいならオープンイノベーション部に異動しなさい」という会話が思い浮かんだ。オープンイノベーションに取り組む企業は必ず「既存の発想に縛られず！」と言う。しかし、部員じゃないとオープンイノベーションができないのは、結局は既存の発想に縛られていることになる。

　地方に行くと中小企業が大手企業OB、大学、近所の会社と連携しながら製品を開発している事例を目にする。その中小企業には「オープンイノベーション部」もない。必要に迫られて自然と社外とのパートナーシップが生まれ、オープンイノベーションへ発展しているのだろう。あえて制度化せず、推奨することがパートナーシップ形成の近道と思う。

ターゲット　17.18

2020年までに、後発開発途上国及び小島嶼開発途上国を含む開発途上国に対する能力構築支援を強化し、所得、性別、年齢、人種、民族、居住資格、障害、地理的位置及びその他各国事情に関連する特性別の質が高く、タイムリーかつ信頼性のある非集計型データの入手可能性を向上させる

ターゲット　17.19

2030年までに、持続可能な開発の進捗状況を測るGDP以外の尺度を開発する既存の取組を更に前進させ、開発途上国における統計に関する能力構築を支援する。

寄稿

東京大学未来ビジョン研究センター教授・
総長特別参与

沖 大幹氏
「未来を変える」

SDGs17目標、なぜ取り組むのか

　SDGsは2015年に国連で採択された「持続可能な開発のための2030ア
ジェンダ」に掲げられた17の目標である。貧困の撲滅や持続可能な水管
理といった開発課題、ジェンダー平等の達成や働きがいのある人間らしい
雇用の促進といった社会課題、包摂的かつ持続可能な産業や生産消費形態
の実現といった経済課題、気候変動対策や生態系保全といった環境課題の
一体的な解決を目指している。

　では、なぜ私たちはSDGsの達成に向けて取り組む必要があるのだろう
か。

　困っている人たちを助けたい、よりよい社会を作りたい、という純粋な
動機で頑張っている方々もいるだろう。あるいは、地球環境が危機に瀕し
ているので、人類や生物が滅びないためにも今すぐ行動に移さねば、とい
う危機感から社会課題の解決に取り組んでいる方々もいるに違いない。

　個人としてはそうした正義感や慈善心だけで課題解決に貢献できても、
関係者への説明責任が問われる企業組織では、何らかの正当な動機付けが
ないとなかなか行動には移せないだろう。多少なりとも利益をあげないと
自らの存続自体が持続可能ではなくなる営利企業にとって、社会課題の解
決へ向けた取り組みに何らかのメリットはあるのだろうか。

　それには、SDGs達成に向けて徐々に良くなる社会と、格差が拡大し環
境も徐々に悪化していく社会のどちらがましか、を想像すれば明らかだろ
う。格差の拡大や環境悪化は社会秩序の不安定化を招いて健全な経済成長
の阻害要因となり、さらにはそれらが紛争リスクや自然災害リスクを増大
させて、企業の存続基盤である安定した社会や市場そのものを破壊しかね

ない。

　20世紀であれば、そうした社会問題の解決や
環境への外部費用を補填して社会の安定化をは
かるのは、相対的に力を持っていた政府の役割
であったかもしれない。しかしながら、日本の
みならず世界的に各国政府が税収不足に苦し
み、社会保障費用の捻出に窮しているため、財
政面のみならず、組織や人的資源でも政府をし

のぐ力を持つようになった企業による社会課題の解決に大きな期待が寄せ
られているのである。

　SDGsが示す持続可能な社会はいわば世界人類共通の財産（グローバル
コモンズ）であり、企業活動の持続には不可欠で、その実現へ向けた投資
は十分合理的である。しかしながら、個々の企業による持続可能な社会構
築への寄与は小さいのに対し、他の企業や政府組織の貢献の恩恵はSDGs
に取り組まない企業にも及ぶため、温室効果ガス排出削減と同じく、フ
リーライダー（タダ乗り）の誘惑に駆られることにもなる。

　現在、日本でも政府のみならず、さまざまな経済団体がSDGs実現へ向
けた積極的な取り組みを組織的に表明している。これはまさにフリーライ
ダーを出さないように、という掟である。支払わないと罰則のある税金を
集めて政府に社会課題を解決してもらえばフリーライダーはなくなる、と
いう考え方もあるかもしれない。しかし、負担を強制されて間接的に社会
課題解決に貢献するよりは、持続可能な社会の構築に資する分野に自らの
裁量で積極的に投資する方が企業にとってのメリットは大きいだろう。

略歴

おき・たいかん　1987年（昭62）東京大学工学部卒業、1993年工学博士、気象予報士。同大生産技術
研究所助教授、文部科学省大学共同利用機関・総合地球環境学研究所助教授などを経て、2006年東大教
授。2016年10月より国際連合大学上級副学長、国際連合事務次長補も務める。水文学部門で日本人初の
アメリカ地球物理学連合（AGU）フェロー（14年）。

（日刊工業新聞2020年2月25日付4面記事転載）

おわりに

　「SDGsは女性や若者ほど関心が高い」―。これは今回の書籍の編集に携わった者の一致した見方だ。取材・執筆を通し、SDGsとは現在の中高年の男性政治家・企業経営者がつくる世界を「女性、障がい者、若者、LGBTなどを含む多様な担い手がつくる世界」へ転換することだと実感した。

　足元、猛威を振るう新型コロナウイルス感染症は高齢者が重症化する傾向にある。仮に今後、女性よりも男性の方がかかりやすく重症化する感染症が広がった場合、我が国政府・企業は平常通り機能するだろうか。これは極端な例だが、1年前までは誰も新型コロナの流行を予見できずにいたことを考えると、まったく起きない事態とは言い切れない。つまり持続可能な社会とは、男性だけでなく、多様な担い手が支える社会であり、その方が強靭でさまざまなアイデアにあふれ、イノベーションが起きやすい社会と言える。

　日本はSDGs達成度ランキングで166カ国中、17位だ（2020年、持続可能な開発ソリューション・ネットワーク調べ）。世界で第3位の経済大国にもかかわらず、10位圏内に入れない最大の課題がゴール5（ジェンダー平等）だろう。この本では女性活躍社会に向けたヒントをちりばめた。読者のアイデアを刺激し、ユニークな女性活躍施策が生まれ、日本が少しでも男女平等な社会に近づくことを願っている。

　新型コロナの第二波が到来中の東京にて

　　　　　　　　　2020年8月23日　　日刊工業新聞社　松本 麻木乃

| 著者紹介 |

松木　喬（まつき・たかし）

日刊工業新聞社　記者

1976年生まれ、新潟県出身。2002年、日刊工業新聞社入社。2009年から環境・CSR・エネルギー分野を取材。日本環境ジャーナリストの会理事、日本環境協会理事。主な著書に『SDGs 経営 "社会課題解決" が企業を成長させる』（日刊工業新聞社、2019年）、雑誌『工場管理』連載「町工場でSDGsはじめました」（日刊工業新聞社、2020年1月号-10月号）。

松本　麻木乃（まつもと・まきの）旧姓・大城（おおしろ）

日刊工業新聞社　記者

1978年生まれ、沖縄県うるま市出身。2004年、日刊工業新聞社入社。化学や食品業界担当を経て2010年から10年間、国際担当。2020年から不動産・住宅・建材業界担当のかたわらSDGsを取材。

SDGs アクション

〈ターゲット実践〉インプットからアウトプットまで   NDC519

2020年9月25日　初版1刷発行   定価はカバーに表示されております。

編　者	日刊工業新聞社
ⓒ著　者	松　木　　　喬
	松　本　麻木乃
発行者	井　水　治　博
発行所	日刊工業新聞社

〒103-8548　東京都中央区日本橋小網町14-1
電話　書籍編集部　03-5644-7490
　　　販売・管理部　03-5644-7410
　　　FAX　　　　03-5644-7400
振替口座　00190-2-186076
URL　https://pub.nikkan.co.jp/
email　info@media.nikkan.co.jp
本文デザイン　志岐デザイン事務所　熱田　肇
印刷・製本　新日本印刷株式会社

落丁・乱丁本はお取り替えいたします。　　　2020　Printed in Japan
ISBN 978-4-526-08084-5

SDGs経営
"社会課題解決"が企業を成長させる

日刊工業新聞社　編、松木 喬　著
定価（本体1,600円＋税）
ISBN978-4-526-07959-7

経営にSDGsを採り入れると新規取引先の開拓などビジネスチャンスが広がるとともに、企業を長続きさせる道標になる。
こうした事業活動やイノベーションの視点から重ねたSDGsの取材の蓄積を生かし、本書ではSDGsの取り組み事例を中心にまとめた。企業事例としては15社、また2人の経営者にSDGsの活用法についてインタビュー。また、国際連合大学・沖大幹上級副学長が、企業がSDGsを経営手段としてどのように活用すべきか、指南。企業がSDGsを活用する利点・方法や、実際に取り組む企業の事例と成功ポイントを解説する。

SDGsビジネス戦略
企業と社会が共発展を遂げるための指南書

ピーター D.ピーダーセン、竹林 征雄　編著
定価（2,200円＋税）
ISBN978-4-526-07922-1

SDGsという言葉は知っているが、ビジネスとしてSDGsに取り組むにはどうしたら良いのだろうか、と考えている企業担当者・経営者も多い。
そこで本書では、企業がビジネスとしてSDGsに取り組むには何をすればいいか（優先課題の決定、目標設定、事業戦略への落とし込み）などを丁寧に解説。①最初から最後まで読み、全体的な理解を得る②SDGsの背景、関心の強い個別目標、SDGs戦略への落とし込みについて、ニーズに合わせて読む③コラムや対談記事などで、有識者の鋭い視点を参考に、自分の考えを深める④戦略に落とし込むための各種フレームワークやツールを、社内外の必要な場面で活用する⑤具体的な企業事例からインスピレーションを得て、次の一手を考える―といった本書の活用法を提案する。